超譯
비트겐슈타인의 말

超譯

비트겐슈타인의 말

Aphorismen von Wittgenstein für das Leben

Ludwig Wittgenstein

엮은이 | 시라토리 하루히코
옮긴이 | 박재현

INVENTION

超譯 비트겐슈타인의 말 차례

들어가는 말　직업철학을 싫어했던 철학자

1　생 각 에　대 하 여

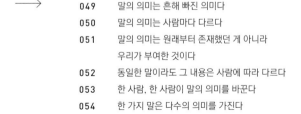

2   말 에   대 하 여

3 마음에 대하여

4　삶에 대하여

5　인간에 대하여

6 세 계 에 대 하 여

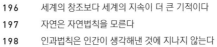

7   자 신 에 대 하 여

특별부록   신해철과 비트겐슈타인

직업철학을 싫어했던 철학자

루트비히 비트겐슈타인은 1889년 4월 오스트리아-헝가리제국의 수도 빈에서 태어났다. 아버지 카를의 여덟 자녀 중 막내로 태어난 비트겐슈타인은 위로 형이 네 명, 누나가 세 명이었다.

비트겐슈타인 일가는 할아버지 때부터 유복했고, 아버지 카를에 이르러서는 오스트리아 철강재벌이 되었다. 그 사회적 힘과 막대한 부는 당시의 왕실, 귀족계급을 압도했다. 또 독일 거대 중공업기업 크루프, 미국 철강기업 카네기와 어깨를 나란히 견주면서도 친밀한 관계를 유지했다.

여덟 남매는 많은 하인이 일하는 저택에서 성장한 까닭에 서민들과 교류가 일절 없었다. 별도로 교육 담당 교사와 가정교사도 있었지만, 평범한 그들보다 아버지 카를이 소장했던 장서, 물질적 풍요, 저택을 방문한 예술가들에게 영향을 받아 재능을 키웠다.

게다가 저택에 4대 혹은 7대의 피아노가 있었다고 하니 그런 환경에서 성장한 여덟 남매는 모두 음악적 재능이 있었다. 특히 넷째 형 파울은 전쟁으로 오른팔을 잃었음에도 국제적으로 활약하는 피아니스트가 되었다. 모리스 라벨의 〈왼손을 위한 협주곡〉은 파울을 위해 지은 곡이다.

바이올린을 연주했던 아버지 카를이 음악가나 전위 예술가들을 후원했기 때문에, 비트겐슈타인 일가의 별장에서 열린 사교모임에는 수많은 예술가가 드나들었다. 리하르트 슈트라우스, 요하네스 브람스, 구스타프 말러, 파블로 카잘스, 펠릭스 멘델스존, 구스타프 클림프, 에른스트 호프만, 오귀스트 로댕, 하인리히 하이네….

그러한 풍요와 예술적 재능이 넘쳐흐르는 환경에서, 호기심으로 프로이트의 정신분석을 받기도 한 누나 마가렛만은 독특했다. 그녀는 라틴어와 독일어 고전만 읽으라는 아버지의 가르침을 외면하고 헨릭 입센의 《인형의 집》, 아르투르 쇼펜하우어, 쇠얀 키에르케고르의 저서를 읽었다. 그리고 스물셋에는 권총자살을 한 오토 바이닝거의 《성과 성격》까지 섭렵한다.

루트비히는 그런 마가렛에게 큰 영향을 받아 괴테나 니체 등의 철학책을 읽고, 나아가 고틀로프 프레게나 버트런드 러셀의 수학책을 읽었다. 특히 오토 바이닝거를 읽었을 때는 "위대한 일을 하지 않는 인생은 허위다"라는 주장에 큰 감명을 받았다.

그는 음악적 소양 외에 이공계적 소질도 뛰어나 여덟 살 때는 재봉틀이나 복잡한 모형비행기를 조립했다. 덧붙이자면, 화가 클림트가 그린 마가렛의 초상화는 현재 뮌헨 미술관이 소장 중이다.

그의 남자 형제는 다섯이었는데, 파울과 루트비히를 제외한 세 명은 젊어서 자살했다.

루트비히가 열세 살 되기 전 음악가를 지망했던 큰형 한스가 스물여섯에 쿠바 바다 위에 떠 있던 배에서 감쪽같이 자취를 감추고(자살로 추정), 그로부터 2년 뒤 베를린 대학생으로 공무원을 희망했던 둘째 형 루돌프가 음독자살했다. 이들을 어떻게든 사업가로 만들고 싶었던 아버지 카를과 극심한 갈등을 겪었던 탓이다.

한편 카를이 세상을 떠난 뒤, 셋째 아들 쿠르트는 제1차 세계대전이 벌어지던 전쟁터에서 투항을 거부하고 권총자살을 선택했다. 이렇게 형들의 잇따른 자살과 선천적인 우울증으로 루트비히는 자살충동에 사로잡힌 적이 많았고, 실제로 자살을 시도한 적도 있다. 20대 중반 그는 일기에 이렇게 적었다.

자살이 인정된다면 모든 것을 용납할 수 있다. 무언가 용납되지 않는다면 자살도 인정할 수 없다. 이 일은 윤리의 본질에 빛을 던진

다. 왜냐하면, 자살은 소위 기본적인 죄이기 때문에. …혹은 자살조

차 그 자체는 선도 악도 아니다!

— 후지모토 다카시《비트겐슈타인》

클림트 회화처럼 세기말 빈은 자살률이 매우 높았다. 그곳은 퇴폐적이고 농후한 관능으로 가득했다. 저명한 대다수 지식인들이 공공연히 자살에 대해 말하고, 실행으로 옮겼다. 자살 이유야 제각기 달랐지만 동성애로 고민 끝에 자살을 선택한 경우도 적지 않았다.

비트겐슈타인 일가는 유대계였지만 독일 작센에서 빈으로 이주해 온 할아버지 시절 이미 기독교로 개종하여 아버지 카를은 기독교, 어머니와 아이들은 모두 가톨릭이었다.

그러나 루트비히는 일반 신도와 다른 신앙을 갖고 있었다(그의 신앙과 관련해서는 아직도 의견이 분분하다). 그건 매우 지적인 신앙으로, 그가 남긴 원고에도 기독교 관련 기술이 많다.

또한 그는 비(非)아리아인으로 유대인의 피가 70%나 흐르고 있다는 사실을 병적으로 의식했다. 그러나 문화적 관점에서 보면, 비트겐슈타인 일가처럼 유대인의 피를 가진 토착민들이 빈을 매력적인 예술의 도시로 만들었다.

루트비히 비트겐슈타인은 당시 상류계층의 자제처럼 열네 살까지

집에서 가정교육을 받았다. 그 후 린츠에 있는 실무학교에 입학하지만 성적도 좋지 않았고 급우와도 어울리지 못해 출석일수가 결석일수를 훨씬 밑돌았다.

그 후 베를린에 있는 공학대학에 들어가지만 만족하지 못하고 다시 영국 맨체스터 대학 공학부 연구생으로 제트 추진 프로펠러 설계에 뛰어들었다. 그 무렵 비트겐슈타인은 아버지처럼 사업가가 되고자 했다.

그러나 그는 프로펠러 연구를 계기로 수학기초론에 강한 흥미를 가져 버트런드 러셀이나 알프레드 화이트헤드의 《수학원리(Principia Mathematica)》 등 다양한 철학책을 집중적으로 읽었다. 그리고 논리학자 프레게를 찾아간 인연으로 케임브리지 대학의 러셀과 조지 에드워드 무어를 만난다. 그에 대해 러셀은 이렇게 쓰고 있다.

그는 색다른 사내였고, 사고방식도 기묘했다. 그래서 한 학기 내내 나는 그가 천재인지 아니면 단순히 괴짜인지 알 수 없었다. …내가 아는 한 천재의 가장 완벽한 사례이기도 하다. 정열적이고 심원하고 강렬하고 지배자적이다.

— Christiane Chauvire 《비트겐슈타인의 생애와 사색》

러셀 외에도 많은 지성인과 친구를 얻은 비트겐슈타인은 케임브리지 대학원에서 공부했고, 얼마 지나지 않아 러셀과 논리학이나 철학에 대해 대등한 논쟁을 벌인다.

스물넷 가을부터는 노르웨이 피요르드 해안 끝에 있는 스크욜덴 인근 마을의 작은 집에 은둔하며 고독 속에서 논문을 쓰기 시작했는데, 1914년 제1차 세계대전이 발발하자 8월 스물다섯 나이로 오스트리아 군대에 포병으로 입대한다. 헤르미아 수술을 받은 탓으로 병역은 면제된 상태였지만, 강한 의무감에 지원하여 러시아군과 싸웠다.

그는 자신의 죽음을 분명히 의식하고 있었다. 1914년 전선에서의 어느 날, 그는 일기에 이렇게 적었다.

> 내가 죽는 건 1시간 뒤일지도 모른다. …그렇다면 이 순간 하나하나를 극복하기 위해서는 어떻게 살아가야만 하는 걸까? 인생이 저절로 끝나는 그때까지 선하고 아름답게 살아가기 위해서는 어떻게 해야만 하는가?
> — Christiane Chauvire 《비트겐슈타인의 생애와 사색》

비트겐슈타인은 용감한 군인으로 전투에 참여해 많은 훈장을 받았다. 전선의 전투에서 흐트러진 그의 마음을 지탱해준 것은 톨스토이의 《요약복음서》와 지니고 다니던 원고의 가필 작업이었다. 그는 공훈으로 소위까지 올랐지만, 1918년 11월에 이탈리아군 포로가 되었다.

군인 시절 5년간을 포함해 6년 넘도록 집필한 원고는 1922년 영국에서 독영(獨英) 대역의 단행본으로 출판되었다. 이것이 바로 그 유명한 《논리철학논고》이며, 비트겐슈타인이 생전에 출간한 유일한 철학책이다. 이 얇은 책은 당시 철학계에 엄청난 충격을 안겨주었다. 기존의 거의 모든 철학을 정면으로 부정한 책이라 여겨졌기 때문이다.

그렇다 해도 기존의 철학이 어디가 잘못되었는지 지적한 것은 아니다. 인간의 논리적 사고와 표현을 이용한 문장(명제)이 세계의 어디까지를 전할 수 있고, 어디까지밖에 전할 수 없는지를 논리 측면에서 고찰했던 것이다.

평범한 사람 눈에 《논리철학논고》는 수식이 들어간 어려운 논리학 서적으로밖에 보이지 않는다. 그러나 비트겐슈타인은 이것을 윤리와 미학에 대한 철학책으로 썼다. 이는 서문에도 분명히 명시되어 있다.

이 책은 철학적 문제를 다루고 있으며, 이들 문제가 우리의 언어 논리에 대한 오해에서 출발한다는 것을 보이고 있다. 이 책의 전체적인 뜻은 대략 다음 말로 요약할 수 있다.

"원래 말할 수 있는 것은 명료하게 말할 수 있다. 그리고 말할 수 없는 것에 관해서 우리는 침묵해야 한다."

결국 이제까지 철학은 난해한 문제를 다루고 있었던 게 아니라 언어 사용법이 잘못되었기에 그 문제들이 난해해졌다는 것이다.

철학이 매달리지만 해명할 수 없는 문제는 어려워서가 아니라 원래 말로 표현할 수 없는 것을 말하려 하기 때문이라는 것이다. 말로 할 수 없는 것은 그저 보여주는 수밖에 없다. 혹은 입 다물고 음악이나 회화로 달리 표현할 수밖에 없다는 것이다.

《논리철학논고》를 집필한 비트슈겐타인은 철학 문제가 말끔히 정리되었다고 생각했다. 전쟁은 그를 완전히 종교적으로 바꿔놓았고, 철학에 대해 이제 아무것도 할 일이 없다는 생각에 신부나 교사가 되려고 했다.

또한 그는 오래전부터 '순수해지고 싶다'는 강한 열망을 갖고 있어서 아버지에게 물려받은 막대한 재산을 전부 형과 누나들에게 양도했다.

실제로 비트겐슈타인은 원하는 것을 이룬다. 교원양성학교를 거쳐 1920년 여름 수도원에서 정원사로 일했으며, 이후 초등학교 임시교사가 되었다. 톨스토이의 영향으로 농민에 대한 환상을 갖고 있었는데, 그가 만난 현실 속 농민들은 매우 야비하고 잔인했다.

초중등학교에서도 교편을 잡고 아이들을 가르쳤지만 서른일곱에 그만두고, 다시 수도원에서 정원사 조수로 일했으며 누나가 저택을 지을 때는 건축 감독으로 일하기도 하고, 소녀 두상을 조각하기도

했다.

　마흔이 되어 다시 케임브리지로 돌아온 그는 곧 박사학위를 취득한 뒤, 이번에는 트리니티 칼리지에서 일상어에 대한 철학적 탐구를 주제로 학생들을 가르치기 시작한다. 학생 중에는 앨런 튜링(훗날 컴퓨터를 발명한다)도 있었다.

　비트겐슈타인이 철학교수가 된 건 쉰이 되어서였다. 당시 반유대주의를 주장하는 나치당이 독일과 오스트리아를 지배하고 있었기 때문에 유대인 피가 섞인 그는 영국 국적을 취득할 수밖에 없었다.

> 　그의 강의는 사전준비도 노트도 없이 이뤄졌다. …강의 중 나오는 대부분의 것은 축적된 지식이 아니라 우리 앞에서 즉석에서 만들어지는 새로운 생각이었다.
>
> 　　　　　　　　　　　　　　　　― 노먼 맬컴 《비트겐슈타인의 추억》

　대학에서 학생들을 가르치면서도 그는 직업철학자로 불리는 것이나 아카데믹한 분위기를 굉장히 꺼렸다. 수업을 마치면 곧장 영화관으로 달려가 맨 앞자리에 앉아, 거대한 스크린 속에 펼쳐지는 미국 대중영화를 관람했다. 그렇지 않으면 답답한 마음이 풀리지 않았다. 어떤 의미에서 그에게 철학 수업은 '생지옥'이었던 셈이다.

　그는 대학 기숙사에서 생활했다. 아무런 장식도 없는 그의 방에는 오직 책상과 의자 그리고 침대밖에 없었다. 전기스탠드도 없었다. 그나마 눈에 띠는 자그마한 금고 하나가 있었는데, 그 안에는 원고와 메모가 들어 있을 뿐이었다. 옷차림도 늘 청결하고 소박했다. 그는 모직코트와 점퍼, 회색 모직바지, 모직셔츠만을 입었다. 저녁식사도 언제나 딱딱한 빵과 버터, 코코아가 전부였다.

그는 쉰여덟에 대학 교수를 사직하고, 예순둘에 전립선암으로 세상을 떠났다. 독신이었다. 병원에서 죽음을 맞이하고 싶지 않은 탓에, 케임브리지에 있는 의사 집에서 마지막을 보냈다.

병세가 악화된 비트겐슈타인은 "모두에게 전해주세요. 나는 멋진 인생을 보냈다고요"라는 말을 남기고 영면에 들었다.

자신의 영향에 대해 비트겐슈타인은 이렇게 쓰고 있다.

내가 줄 수 있는 영향에 대해 말한다면, 먼저 나는 많은 잡동사니 글을 썼는데 어쩌면 그것이 좋은 자극이 될지도 모르겠다. 내게 허락된 희망은 이런 간접적인 영향뿐이다.

— 비트겐슈타인 《문화와 가치》

비트겐슈타인 생전에 간행된 철학책은 《논리철학논고》뿐이지만, 사후에 편찬된 주요 저서에 대해 간단히 살펴보자.

《 철 학 적 소 견 들 》

자신이 하는 일에 대해 설명하고 대학 조성금을 얻기 위해 1930년까지 집필했다. 수학철학, 색채의 문법, 아픔에 대하여, 의미의 검증이론 등 다양한 주제에 대해 논한다.

《 철 학 적 문 법 》

말의 의미는 그 사용 방법에서 나오고, 그 사용 방법은 생활방식과 떼려야 뗄 수 없는 것이라 이야기한다.

《 청 색 책 · 갈 색 책 》

구술 강의록. 언어의 게임성, 즉 언어게임(상황과 배경이 말의 의미를 지배하고 그에 따라 의미도 바뀐다)에 대한 실례를 들려준다.

《 철 학 적 탐 구 》

최초의《논리철학논고》가 전기의 주요 저서라면, 이 책은 후기의 중심적인 내용을 다루고 있다. '철학은 시처럼 만들 수밖에 없다'고 기술하듯 의문형이나 자문자답의 수많은 단상의 나열로 구성되어 있다.

언어의 논리적 구조가 실제 존재하는 구조를 그대로 묘사한다는《논리철학논고》에 근본적인 오류가 있었다는 점을 인정한다. 또한 언어는 단순히 현실을 묘사한 것이 아니라 무수한 배경 가운데서 다른 의미로 사용된다고 하는 입장에서 현실의 일상 언어를 다시 분석한다.

《 심 리 철 학 적 소 견 들 》

지각, 상상, 사고, 의도, 거짓 등 우리의 내적 체험에 대하여 생각한다. 프로이트의 심리학에 대해서는 논리적인 것이라 인정하지 않았다.

《 확 실 성 에 관 하 여 》

세상을 떠나기 전까지 작성한 메모를 단상 형태로 모은 것. 우리가 확실하다고 하는 것의 근거를 문제 삼는다.

1

생각에 대하여

어느 누구도
자신처럼 생각해주지 않는다

스스로 깊고 차분하게 생각하지 않으면 안 된다. 다른 누구도
자신처럼 생각해주지 않는다.
제 머리에 모자를 얹을 수 있는 게 자신뿐이듯, 생각하는 것도
언제나 자신이 해야만 한다.

문화와 가치 ■

당신이 좋다면
그것으로 됐다

누가 그것을 시시하다고 말했는가. 처음부터 부정했는가. 멋지
다며 찬성해주었는가.

누가 부정했든 찬성했든 당신이 좋다면 그것으로 되지 않았는
가. 부정이든 긍정이든 단지 표현에 지나지 않는다. 누구에게
무슨 소리를 들었든 그것으로 사실이 바뀔 리 없다.

비트겐슈타인의 강의 Ⅰ ■

비교하는 건
나쁜 버릇이다

비교하는 버릇은 좋지 않다. 비교로 가치의 우열을 결정하는 나쁜 버릇은 이제 그만두자.

어떤 사람이든 어떤 물건이든 각각의 가치와 아름다움이 있다.

예컨대 디자인이 훌륭한 소파와 연인과 가는 극장 입장권. 이 두 가지의 가치를 비교하는 일은 터무니없는 난센스다.

돈으로 살 수 있는 것도 이런 식으로 비교할 수 없다. 하물며 우리가 소중히 여기는 것들에 관해서는 두말할 나위 없다.

비트겐슈타인의 강의 II ■

생각이란
영상으로 그리는 것

생각이란 스스로 어떤 영상을 그리는 것이다.

어떤 것이 자신의 눈앞에 또렷이 그려지는 게 '생각하는' 것이

다. 어떤 사람이든 결국 그런 식으로 생각한다.

철학적 문법 1 ■

우리는 논리적으로 생각하지만
그런 생각이 다 옳지는 않다

우리는 논리적으로 생각한다. 왜냐하면, 우리가 생각할 때 사용하는 언어와 그 문법은 가장 논리적인 도구이기 때문이다.

그렇다고 우리가 늘 논리적으로 바르게 생각한다고 단언할 수 없다. 생각한 문장 하나하나는 분명 논리적이지만, 다음 문장과의 연결이 잘못되는 경우가 있기 때문이다.

게다가 그런 생각이 늘 현실에 입각해 있다고도 할 수 없다. 현실은 사람들이 생각하는 범위보다도, 언어가 미치는 범위보다도, 훨씬 넓고 다채롭게 변화하기 때문이다.

논리철학논고 ■

우리는 직선적으로 생각하는
버릇이 있다

우리는 사물을 직선적으로 생각하는 버릇이 있다.

자신의 미래에 대해 생각에 생각을 거듭할 때도, 지금 자신의 상황에서 미래가 어떻게 직선적으로 이어질 것인지 곧은 선을 긋고 생각할 때가 많다.

또한 세계가 앞으로 어떻게 될지 생각할 때조차 지금 세계의 움직임이 더욱 진보해간다는 전제로 미래를 예상한다.

지금 세계의 움직임이 돌연 바뀐다거나 그때그때 세계가 변화를 이어간다는 식으로 생각하지 않는다. 그렇지만 실제로 이 세계는 그렇게 움직이고 있는 게 아닐까?

문화와 가치 ■

다른 룰로
생각하라

방해물 때문에 괴로운가. 방해물 때문에 단념할 것인가. 그 방해물에 무릎 꿇으려 하는가.

그러나 우리는 어떤 방해물도 극복할 수 있다.

그를 위해 발상을 바꿔라. 완전히 새롭게 바꿔라. 지금까지의 생각을 완전히 버리고, 세상 사람들의 생각을 모두 던져버려라. 그리고 완전히 다른 룰을 사용하라. 지금까지의 룰이 아닌 다른 룰로 생각하라.

이 길로 도달할 수 없다면 다른 길로 가면 되듯이. 그곳에는 지금, 당신 앞을 가로막는 어떤 방해물도 존재하지 않기 때문에.

비트겐슈타인의 강의 Ⅰ ■

하찮은 생각에
휘둘리고 있지 않은가?

바람이 불어와 나무를 마구 흔든다. 바람은 거대한 나무를 마구
흔든다.
우리도 그런 나무와 같다. 아무래도 좋은 생각에, 하찮은 생각
에, 별 볼일 없는 생각에 마음이 마구 흔들린다.

문화와 가치 ■

어려운 문제는
잡초처럼 뿌리째 뽑아라

땅바닥에 올망졸망 돋은 잡초를 뽑으려 해도 도저히 감당하기 어려울 때가 있다. 복잡하게 얽힌 큰 뿌리가 땅속 깊이 뿌리내리고 있기 때문이다.

난제란 흔히 그런 식이다. 지금까지의 방식으로는 해결할 수 없다. 눈에 보이는 곳만 처리해서는 어찌할 도리가 없다. 따라서 뿌리째 뽑을 필요가 있다.

그러기 위해서 지금까지 없었던 새로운 방식으로 대처하지 않으면 안 된다. 그 새로운 방식을 떠올리기 위해 자신이 완전히 새로운 인격이 되어야만 할 만큼.

문화와 가치 ▪

상식 속으로
도망치지 마라

살아 있는 한 수많은 문제가 눈앞에 나타나는 법이다. 그 문제와 정면으로 맞서라. 싸워라. 결코 도망치지 마라.

상식을 꺼내 들고 그 문제를 해결하려 들지 마라. 상식은 이렇다며 변명하지 마라. 누구나 알고 있는 상식은 그 자리에 있는 사람들을 달랠 수는 있지만, 실제로 문제의 해결에는 이르지 못한다.

따라서 문제의 늪에 흠뻑 빠져 발버둥칠지라도 필사적으로 싸워라. 그리고 마침내 승리하여 자신의 힘으로 그 늪에서 기어나와라.

비트겐슈타인의 강의 II ■

진실로 이해하기 위해서는
경험이 필요하다

"이건 학교에서 배워서 알아. 그건 아직 배우지 않아 몰라."

아이들은 이렇게 말한다. 그러나 아이들이 말하는 '안다'라는 말은 '이해했다'는 의미가 아니다. 그저 그런 게 있다는 것을 안다는 정도에 지나지 않는다.

그것이 무엇인지 진실로 이해하기 위해서는 무엇보다 경험이 필요하다. 아이든 어른이든 자신의 체험한 것만 이해할 수 있기 때문이다. 지성만으로 이해할 수 없다.

철학적 문법 1 ■

인과론을
버려라

"역시 이래야만 했어."

이렇게 생각하는 건 간단하다. 어쩔 수 없었다며 포기하는 것도 쉬운 일이다.

그러나 그런 사고방식은 노인네들이나 가질 법한 인과론에 지나지 않는다. 즉, 조금의 유연성도 없는 사고방식이다.

그런 식으로 생각해 포기하면 다른 가능성은 보이지 않는다. 적극적으로 자신의 발상에 도달하는 힘이 약해진다.

따라서 '다른 방법을 썼다면 완전히 달라졌을 것'이라는 식으로 생각해야 하지 않을까. 그래야 다음에 새로운 사고방식과 행동이 나오기 때문이다.

문화와 가치 ■

우리가 제시해야 할 것은 '논리적으로 옳은 답'이 아니라 '현실에 통용되는 답'이다

왕이 공주에게 말했다.

"벌거벗지 말고, 또 옷을 입었다고 말할 수도 없는 모습으로 다시 이곳에 오너라."

현명한 공주는 어렵고 억지스러운 문제에 답했다. 물고기 잡을 때 사용하는 그물을 온몸에 두르고 왕 앞에 나타난 것이다.

일상에서 우리가 부딪히는 문제도 이런 동화 속의 문제와 같다. 그러나 정답은 어디에 숨어 있는 게 아니다. 상대가 답으로 인정할 수밖에 없는 것을 내놓으면 그게 답이 된다.

논리적으로 옳은 답을 요구하는 것이 아니라, 언제든 현실에 통용되는 답을 원하는 것이다.

비트겐슈타인의 강의 II ■

문제는
기필코 해결할 수 있다

거기에 문제가 있다면 기필코 해결할 수 있다.

왜냐하면 우리가 이미 그것을 문제로 생각하고 있기 때문이다.

어떤 문제라도 결국은 작은 물음들의 집합이다. 그곳에 물음이

있다면 실마리도 있는 법이고, 그로부터 찾아갈 수 있다.

찾아갈 수 있다면 그곳에는 새로운 발견이 있고, 거기서 물음

하나하나의 해결을 발견할 수 있다. 그렇게 전체로서의 문제는

해결에 도달하게 된다.

철학적 문법 2 ■

이해라는 것은
전망이 좋은 것

"그렇구나, 이제 알겠어."

이렇게 탄성이 나올 만큼 이해했을 때, 우리는 어떤 전망 좋은, 다소 높은 언덕에 오른 듯한 기분을 만끽한다.

이 기분은 우리의 이해를 현실적으로 나타낸다. 그러나 이해했다고 확신했을 때, 이제껏 가졌던 여러 애매한 점이 연결되어 의미와 역할을 갖고 다시 태어난다. 그로 인해 문제의 구조를 전체적으로 둘러본 듯한 감각을 얻기 때문이다.

결국 이런 내려다보는 감각이 우리에게 풍경을 내려다볼 때와 동일한 기분이 들게 하는 것이다.

프레이저 《황금가지》에 대하여 ■

016

'…라면, …이었다면'
이런 생각에서 비극은 시작된다

이미 벌어진 사태에 대해 '만일 …이었다면 이러진 않았을 텐데'
라거나 '이러했다면 이 같은 일은 일어나지 않았다'고 생각하는
순간, 너무 많은 것이 고통으로, 불운이나 비극으로 바뀌어버
린다.

철학종교일기 ■

허영심이
우리의 사고를 방해한다

우리가 차분히 생각에 잠기는 걸 방해하는 것은 외부의 잡음이나 말소리가 아니다. 아기 울음소리도, 포탄 소리도 아니다.

성실하고 정확하며, 신중하고 깊이 있는 생각을 아주 간단히 방해하는 건 어떻게든 공적을 쌓아 널리 이름을 알리려는 허영심이다.

자신의 실력을 인정받고, 타인에게 존경받고, 응석부리고 싶은 심보다. 자신만큼은 특별하다며 잘난 체하는 마음이다. 모든 이들에게 잘 보이고 싶은 마음이다.

문화와 가치 ◼

사고는
특별한 것이 아니다

생각한다, 사고한다, 이것에 대해 우리는 왠지 비밀스럽고 애매한 인상을 갖는다. 어떤 이가 "잠시 생각할 시간을 주지 않겠는가?"라고 말하고, 잠시 잠자코 있다 돌연 환한 낯빛이 되어 "알았다! 이런 거구나"라고 말한다. 그러면 우리는 그 짧은 시간에 보통 사람과 다른 복잡하고 깊은 사고가 이뤄졌다고 생각한다.

그런 식으로 사고를 신비롭게 여기는 것은 우리 주변 어디에도 사고라는 개념에 대응하는 구체적인 행동을 찾아볼 수 없기 때문이다. 반면 사랑이나 용기, 노력이라는 개념에 대응하는 전형적인 행동은 쉽게 떠올릴 수 있다.

그러나 사고는 그것을 이해하기 쉽게 보여주는 구체적인 사례를 발견할 수 없다. 따라서 매우 신비롭게 느껴질 뿐이다.

철학적 문법 1 ■

귀납법을
과신하지 마라

반복적으로 일어나는 일이나 사례에서 공통점을 발견하고 거기서 일반적인 것을 찾아내는 것이 귀납법이다.

이를테면 이제껏 보아온 고양이는 하나같이 쥐를 잡았기에 고양이라면 반드시 쥐를 잡을 것이라는 일반적 결론을 이끌어낸다.

그러나 이런 귀납법은 조금도 논리적이지 않을 뿐더러 확실성도 높지 않다. 왜냐하면 이제까지 반복적으로 일어난 일이 내일 또다시 반복될 것이라 단정할 수 없기 때문이다.

그리고 무엇을 어느 것과 연관 지어 공통점으로 할 것인가는 우리의 경험과 심리에 따른 것일 뿐이다.

이렇듯 우리가 귀납법에만 의지한다면, 새로운 사태에 적절히 대처할 수 없거나, 안심하고 이전과 같은 수법을 썼다가 사업에 실패할 수도 있다.

논리철학논고 ■

'생각한다'는 것에도
각기 다른 해석이 있다

'생각한다'는 것은 대체 어떤 것일까? 무엇을 어떻게 할 것인가, 그것이 생각한다는 것일까? 우리는 명확히 알지 못한다.

그러나 우리는 '생각한다'는 말을 상황 속에서 배운다. 혹은 그 말의 사용법을 흉내 내며 배워왔다.

따라서 어떤 이에게 '생각한다'는 것은 현 단계에서 자신의 이익과 손실이 어찌 될지를 재빨리 계산한다는 의미가 되기도 한다. 또 다른 이에게는 '생각한다'는 건 상대가 원하는 말이나 답을 자신의 기억 속에서 찾아내는 것이고, 또 어떤 이에게는 눈앞의 상대가 사라질 때까지 뭐가 어찌 되든 시선을 내리깔고 말없이 자세를 유지하는 것을 의미한다.

단편 ■

비유가
사고방식을 구속한다

우리는 흔히 이해하지 못하는 것까지도 사물에 빗대어 이해하려는 경향이 있다. 일례로 시간이 그렇다. 우리는 시간에 관해 이렇게 말한다. '시간이 흘러간다' '눈 깜박하는 사이에 가버린다' '시간을 써버린다' '시간이 아깝다'…

이 같은 말은 보통 강물이나 바람, 음식 같은 사물에 대해 하는 말이다. 그것을 간단히 시간에 적용시켜 시간이 그런 물질과 비슷한 성질을 지녔다는 관념을 갖게 만든다.

그렇게 비유적으로 생각하면, 시간은 어느새 일종의 사물이 되어버린다. 그 자세로 변화를 시간으로 보는, 다른 사고방식은 가질 수 없다.

한 가지 사고방식만 가진다면, 그 사고방식에 따른 인생밖에 살아갈 수 없다.

철학 ■

지식을 의심하고
스스로 철저히 생각하라

학교에서 이렇게 배운다. '물은 수소와 산소로 되어 있다. 설탕은 탄소와 수소와 산소로 되어 있다.'

이것을 모르는 아이는 아는 아이보다 뒤떨어진다고 생각한다. 따라서 이해력이 부족하다고 판단하여 낮은 점수를 준다.

이렇게 배운 것을 곧이곧대로 받아들이는 시스템에서 아이들 각자가 키워야 할 소중한 것은 완전히 숨어버리거나 사라지고 만다.

그 소중한 것은 자기 나름대로 의심하는 것, 철저히 생각하는 것, 차분히 관찰하는 것이다.

문화와 가치 ■

사고란
기호를 배열한 것

우리는 무심코 생각을 마음의 작용이라 생각한다. 혹은 뇌의 작용이라고도 생각한다.

사람들은 이들 표현이 너무도 신비롭기 때문에 좋아한다.

그러나 우리가 생각할 때 실제로 어떤 것을 하는가? 기호를 조작하고 있다.

언어를 비롯한 여러 가지 기호를 이리저리 배열해 어떤 의미나 형태가 되도록 궁리하지 않는가. 그게 바로 사고다.

청색 책 ■

'안다'고 생각하면
진보란 없다

우리는 너무 간단히 언어의 마술에 속는다.

일례로 강력한 마력을 지닌 말은 이거다. '안다.'

안다는 말만으로 상대는 그 사정을 깡그리 이해했다는 식으로
생각한다.

이와 마찬가지로 자신이 그것에 대해 알고 있다고 생각한 순간,
어느새 깊이 탐구하지 않게 된다.

확실성에 관하여 ■

철학은 어렵지 않다.
그저 혼란스러울 따름이다

철학이 어려운가? 철학 전체가 혼란스럽게 어질러져 있기에 복잡하고 어렵게 보일 뿐이다.

그렇다면 철학은 어째서 혼잡한 방처럼 어질러져 있는가? 예를 들자면, 어떤 한 가지 개념의 말을 각각의 철학자들이 다른 의미로 쓰기 때문이다.

따라서 그 무질서한 방에 있는 잡다한 쓰레기를 쓸어내고, 깨끗하게 청소할 필요가 있다.

철학 ■

철학의 모순과 수수께끼가
우리를 사로잡는다

모순은 신비롭다. 역설은 늘 너무나 매혹적이다.

그리고 온갖 수수께끼는 바닥을 알 수 없는 유혹으로 우리를 끌

어들인다.

철학이 그런 식이기 때문에 이토록 우리를 매료시킨다.

비트겐슈타인의 강의 Ⅰ ■

철학이란
정리정돈이다

과학과 철학을 무언가에 비유해보자.

예컨대 과학이란, 무거운 벽돌을 하나씩 가져와 정확히 놓고 그곳에 튼튼한 집을 짓는 것과 비슷하다.

철학은 자유로이 어질러져 있는 방을 보고 한숨지은 뒤 조금씩 정리정돈해가는 것과 비슷하다. 게다가 도중에 쓰레기를 버리기도, 가구 배치를 바꾸거나 인테리어에 고민하기도 한다.

그렇게 어수선한 방을 말끔하고 상쾌하게 만든다. 그러나 끝났다고 생각한 순간에 다른 사람이 찾아와 이러쿵저러쿵 말하며 다른 방법으로 정리를 시작한다.

비트겐슈타인의 강의 Ⅰ ▮

현실이라 생각한 것은
상상에 지나지 않는다

완전히 칠흑 같은 어둠 속에 놓인 장미꽃은 정말 붉을까?

그 장미가 진짜 붉은지 아닌지 모르면서 우리는 그 장미가 붉다

고 생각하고 상상한다.

다른 경우에도 우리는, 그것은 틀림없이 그렇다는 식으로 자신

의 상상이나 생각대로 현실이 존재한다고 생각한다.

단편 ■

우리는 단순한 편견으로
가득하다

우리는 때때로 묘한 편견을 갖는다. 예컨대 장조 음악보다 단조 음악이 훨씬 구슬프게 심금을 울린다고 믿는다.

그러나 현실은 어떤가. 슈베르트의 음악은 장조 곡이 단조 곡보다 더욱 비애로 가득하지 않은가.

이런 단순한 편견을 우리는 다른 사람이나 일상에서도 갖고 있지 않은가.

문화와 가치 ■

우리 모두는 자신의 감성과
사고방식에 갇힌 죄수다

우리는 모두 감옥에 갇힌 죄수다. 그 감옥이라는 건 자신의 감성과 특유의 사고방식이다.

자신의 감성이 받아들인 것을 있는 그대로의 세계라 굳게 믿는 것이다.

다른 사람도 자신의 편향된 사고방식과 비슷한 사고방식을 갖는 게 당연하다고 여기며, 털끝만큼의 의심도 하지 않는다.

철학종교일기 ■

검증 없이 확신하는 게
잦지 않은가

우리는 어떤 것을 믿고 있을 것이다.

어떤 것은 당연히 실존하는 것이라 믿고, 어떤 것은 절대로 실존하지 않는 공상이라 여긴다. 무엇은 틀렸고 무엇은 옳다고 여긴다.

그 결정은 이제껏 자신이 주로 무엇을 듣고 배워왔는가에 달려 있다.

따라서 어떤 이들은 유령이나 괴물의 존재를 믿고, 다른 어떤 이들은 그런 건 미신에 지나지 않는다며 대수롭지 않게 여긴다. 무엇보다, 양자 모두 그것이 실존하는지 아닌지를 자신의 눈으로 보거나 스스로 과학적으로 검증한 것이 아니다. 다만 그들은 그런 식으로 확신해왔을 뿐이다.

확실성에 관하여 ■

답이 있기에
질문이 성립한다

질문이 있다면 답을 찾을 수 있다.

왜냐하면, 답을 어떻게 구하면 되는지 그 질문이 이미 분명하게

제시하고 있기 때문이다.

따라서 분명히 질문할 수만 있다면 가까이에 숨어 있는 답을 향

한 길이 또렷이 보일 것이다.

철학저 소견들 ■

0 3 3

어떻게 생각하든 사물은
무관하게 작용하는 법이다

우리는 사물을 쉽게 이해하려고 의인화하여 해석하는 버릇이
있다.

예컨대 동물을 아기에 비유하여 감정이입을 하거나, 자연이나
물건, 기계에 마치 의지가 있는 양 이해한다.

여기서 한 발 더 나아가 사태의 추이에 대해서도 의인화하여 이
해하는 버릇이 있다. 게다가 상황이 자신에게 매우 안 좋게 변
했을 때, 악의가 드러났다는 식으로 생각하기도 한다.

그러나 그 같은 사고방식은 역시 제멋대로 지어낸 픽션에 지나
지 않는다. 우리가 어떻게 생각하든 사물은 자연의 이치를 엄격
히 이행할 뿐이다.

문화와 가치 ■

대다수 사람은
게임의 틀 안에서 산다

영화 스크린 속에는 등장인물이 말하고 차가 충돌하고 클랙슨이 울린다. 관객은 배우의 움직이는 입술을 응시하고 태연히 거기서 말소리가 나온다고 생각한다. 실제로 말소리가 흘러나오는 스피커는 보지 않는다. 눈앞에서 사람이 말하면 그 입에서 소리가 나오는 게임에 이미 익숙해져 있기 때문이다.

사실 일상생활 속에 존재하는 '당연한 것' '일의 행방' '상식적인 판단' '관행' 등 수많은 것들이 이 게임의 형식과 같다.

이 형식에 완전히 길들여진 대다수 사람은 의문을 가질 생각조차 하지 않는다. 그게 바로 세상 사람들이다. 그들은 게임의 틀 안에서만 안심하고 생활한다. 따라서 그들은 게임의 틀 밖에서 태연히 일을 벌이는 마술사에게 간단히 속는다. 그리고 게임의 형식에 의문을 갖는 소수의 사람들이 있다면, 그들을 수상쩍은 눈초리로 보고 배제하려 든다.

원인과 결과 ■

어떻게 받아들이느냐에 따라
옛것도 참신한 것이 된다

옛 건축 재료를 현대 건축물에 도입했다고 가정해보자. 그 경우 그것의 일부분만 예스럽게 느껴질까? 아니다. 지금까지 없던 참신한 건축물이 된다.

이처럼 옛것도 생각하기 나름이다. 옛것을 옛것 그대로 두면 그것은 고리타분한 것이 되어버린다. 그러나 옛것을 현재에 활용하면 매우 새로운 것이 된다.

즉, 무엇이든 자신이 어떻게 받아들이느냐에 따라 참신한 것으로 탈바꿈한다.

문화와 가치 ■

실수에서 귀중한 것을
찾아내라

자신이 사소한 부주의로 저지른 실수 또는 큰 잘못, 그것에 대해 혀를 차거나 후회하는 건 간단하다.

그러나 잠시 생각해보라. 실수에서 귀중한 것을 찾아내면 장차 자신에게 큰 도움이 될 수 있다.

문화와 가치 ■

신념이나 확신을
의심하라

수확한 사과를 출하하기 위해 사과 하나하나를 검사한다. 그리고 품질이나 외양에 합격한 것만 시장에 내놓는다. 만전을 기하기 위해서다.

그러나 웬일인지 검사 그 자체를 검사하지는 않는다. 검사가 옳다고 말할 수 없는데도 말이다.

우리도 이와 똑같은 일을 태연히 행하고 있지 않은가. 왜냐하면 우리가 갖고 있는 신념과 확신이 옳은지 항상 눈곱만큼도 의심하지 않기 때문이다.

확실성에 관하여 ■

판단에는
기준이 필요하다

일반적으로 판단을 내릴 때는 그에 앞선 기준이나 규율이 있다. 혹은 무언가의 권위를 완전히 인정하고 그것을 기준으로 판단한다.

결국 판단을 내리기 위해 기준을 가질 필요가 있다. 평범한 일상생활에서도 우리는 각자 작은 기준들을 갖고 있다.

그렇다면, 국가가 전쟁 개시를 판단하는 기준이란⋯, 어떤 큰 권위를 국민이 승인하는 경우는⋯.

확실성에 관하여 ■

쉬운 설명이란
자세한 설명이 아니다

이해하기 쉬운 설명은 단순히 자세하고 세밀한 설명이 아니다. 짧은 시간에 상대가 이해했다고 여기도록 설명하는 것이 이해를 낳는다.

그렇다면 어떻게 해야 상대가 이해했다고 여길까?

그 상황을 상대방이 완전히 내려다보았다는 감각을 갖게 하는 것이다. 결국 상황 전체의 전망을 잘 보여주는 설명 방법이 필요하다.

그러면 상대는 그 상황을 스스로 파악했다는 감각을 가질 수 있다. 완전하지 않아도 그것이 이해의 첫걸음이다.

철학적 문법 1 ■

사람마다 제각기
해석이 다르다

⊠

이것은 무엇인가?

'정사각형과 대각선.'

'통행금지 표시.'

'피라미드를 하늘에서 내려다본 형태.'

'사각추 형태의 구멍.'

'연.'

'스와스티카(갈고리십자).'

이런 사소한 것도 우리는 각자의 지식이나 기분, 상황이나 경험
에 따라 완전히 다르게 해석한다.

이와 같은, 그러나 더 중요한 일들이 일상에서 빈번히 일어난다.

심리철학적 소견들 1 ▉

경험이란
해석이다

두 사람이 같은 추억담을 이야기한다. 동일한 추억이지만, 그 추억에 대한 서로의 말이 너무나 다른 경험을 한 적은 없는가? 마치 전혀 다른 과거를 이야기하는 듯.

이는 추억을 이야기할 때 과거 사건에 대한 각자의 해석이 드러나기 때문이다.

결국 어느 누구도 경험을 있는 그대로 이야기하지 않는다. 왜냐하면 자신의 해석을 곧 자신이 경험한 것이라 믿어 의심치 않기 때문이다. 사실 카메라조차 전체를 비추지 않은 것처럼.

심리철학적 소견들 1 ■

추억이란 자신의
기억에 대한 현재의 반응이다

누군가 세상을 떠났을 때 혹은 그리움으로 가득할 때, 또 어린 시절에 대해 이야기할 때 우리는 추억을 말한다.

그때 우리는 자기 안에 저장해둔 기억 데이터의 일부를 고스란히 언어로 변환하는 것일까? 그렇다면, 동일한 일에 대한 각자의 기억이 조금은 더 일치해야 하지 않을까.

사실 추억이라는 건 여러 기억에 대한, 현재 자신의 다양한 반응이다. 따라서 현재 살아가는 태도나 사고방식에 의해 우리의 추억은 얼마든지 변한다.

철학적 탐구 ■

사랑하는 건
현실 속 상대가 아니다

사랑하는 사람을 생각한다. 밤새도록 그리워한다.

그러나 현실 속 상대는 자신이 생각하는 사람과 조금 동떨어져 있다. 머릿속에 끊임없이 맴도는 상대는 자신이 해석한 상대의 모습이기 때문이다.

그럼에도 다음날 연인을 만났을 때 자신이 생각한 그대로라고 확신한다.

왜냐하면 자신을 대하는 상대의 언행이나 반응을 자기 나름으로 해석하기 때문이다.

단편 ■

우리가 보는 건
그 자체가 아니라 해석이다

어떤 이는 그것을 보고 아름답다고 감탄한다. 똑같은 것을 보고 또 다른 이는 추하다며 두려움마저 느낀다. 누구나 이런 경험을 한다. 그럼 동일한 것을 보고도 받아들이는 방식이 달라지는 이 차이는 대체 어디에 있는 걸까?

예를 들어, 도토리를 양손에 들고 먹는 다람쥐 사진을 봤다고 가정해보자. 대다수 사람은 그것을 귀엽다고 말할 것이다. 이 때 '사실 이 다람쥐는 집채만 한 몸집'이라 덧붙인다면 어떻게 될까? 많은 사람이 무섭다거나 끔찍하다고 말할 것이다.

이렇듯 우리는 무언가를 볼 때 그 무언가만 보는 게 아니라, 그것을 통해 생겨난 자기 안의 해석만 본다. 따라서 그 해석에 감정적으로 반응한다.

단편 ■

상대 자체가 아니라
그 이미지에 대해 생각할 뿐이다

"계속 당신을 생각해왔다."

혹은

"아니, 왠지 갑자기 그 사람이 생각났다."

이런 식으로 우리는 누군가를 '생각' 하는데, 이때 우리가 머릿속에 떠올리는 건 상대에 대한 자신의 상상이다. 상대에 대한 자신의 해석을 그 사람 자체의 성향이나 행동이라 믿는다. 그렇게 만들어진 상을 현실 속 상대라 여기기에 가능한 상상이다.

이는 상대의 알맹이를 도려내고 그 자리에 제 마음과 가치를 채워 넣는 것과 같다. 결코 상대의 현실에 대해 생각하지 않는다.

단편 ∎

확신이란
근거 없이 믿는 것

확신이란 믿는 것이다. 심지어 근거도 없이.

일례로, 태양은 하늘의 구멍이 아니라는 확신도 그렇다. 태양이라 불리는 것이 구멍이 아니라는 증거를 내세우지도 않고 무턱대고 그처럼 믿는 것에 지나지 않는다.

마찬가지로, 우리는 세계가 존재한다는 것을 계속 확신한다.

확실성에 관하여 ■

지식이란,
그저 믿고 있는 것에 지나지 않는다

학습의 첫걸음은 먼저 들은 대로 믿는 것이다.

예컨대 선생님이 '남반구에는 오스트레일리아 대륙이 있다'고 말하면, 아이들은 선생님의 말과 교과서 내용을 그대로 믿는다. 이렇게 학습은 시작된다.

그리고 아이는 다시 친구에게 "그거 알아. 지구 남쪽에는 오스트레일리아라는 커다란 대륙이 있어"라며 잘난 체 하듯 말하곤 한다. 따라서 그 아이가 아는 것이란 그저 그렇게 믿고 있는 것이다.

우리 어른이 아는 것도 대개 그런 식으로 이전부터 계속 믿고 있는 것에 지나지 않는다.

확실성에 관하여 ■

상식은
과거의 경험에서 나온다

고양이는 나뭇가지 사이에서 태어나지 않는다.

이는 완전한 사실일까?

대체 우리는 무엇을 근거로 확실하다고 말하는 것인가. 우리가 확실하다고 여기는 그 근거는 어디에 있는가.

바로 경험이다.

과거의 경험. 자신의 경험뿐 아니라, 타인의 경험도 근거가 된다. 게다가 옛날 타인들의 무수한 경험까지도.

그 모든 것이 자신이 확신하는 근거가 된다. 그 모든 것을 우리는 다른 언어로 바꿔 말한다. 즉, 상식. 혹은 지식.

확실성에 관하여 ■

2

말에 대하여

049

말의 의미는
흔해 빠진 의미다

각각의 말이 갖는 의미란 무엇일까?

그것은 그 말을 사용하는 모든 사람이 지금까지 사용해온 흔해

빠진 의미다.

철학적 탐구 ■

말의 의미는
사람마다 다르다

두 사람이 동일한 말을 사용해도 그 둘이 동일한 생각을 갖고 있다고 단언할 수 없다.

완전히 같은 말이라도 각자 다른 의미로 생각하는 경우가 있기 때문이다.

왜냐하면, 말은 정해진 의미를 갖는 게 아니라 그때마다 우리가 의미를 부여하기 때문이다.

따라서 충분한 대화를 통해 서로가 어떤 의미로 단어를 사용하는지 알지 못한다면, 같은 말을 쓰더라도 충돌을 피할 수 없다.

논리철학논고 ■

말의 의미는
원래부터 존재했던 게 아니라
우리가 부여한 것이다

어느 일련의 문장, 어느 하나의 말 자체에 각각 특유의 확고한
의미가 담겨 있다고 생각하는 사람이 적지 않다.

그러나 의미라는 것은 그 문장이나 말의 사용법, 곧 환경이나
상황, 문화적 차원에서 비로소 태어난다.

예컨대 두 사람 사이에서 상대를 얕잡아보는 말이 나왔다 해도
둘의 관계와 상황에 따라 그 말은 격려의 의미가 되기도 하고
친한 상대를 골리는 의미가 되기도 한다.

돈의 가치도 말의 의미와 같다. 단순히 인쇄된 종잇조각이 가치
를 갖는 건 서로 신뢰하는 상황이 그 같은 의미를 부여했기 때
문이다.

사물이 의미를 갖는 것이 아니라, 우리가 어떤 의미를 끊임없이
부여하는 것이다.

단편 ■

동일한 말이라도
그 내용은 사람에 따라 다르다

수많은 경험을 해온 사람이 말하는 '사랑한다'는 말과, 욕망과 이해득실만을 좇아 살아온 사람이 말하는 '사랑한다'는 말은 그 속뜻이 확연히 다르다. 신의 존재를 믿는 사람이 말하는 '믿는다'는 말과, 법률을 정의의 근거로 삼는 사람이 말하는 '믿는다'는 말의 의미도 전혀 다르다. 산에 올라 마침내 정상에 다다른 사람과 헬리콥터로 정상을 밟은 사람, 케이블카로 정상에 오른 사람이 산에 대해 하는 말이 같을 리 없다.

대화를 나눈 결과 완전히 똑같은 말을 공유했다 해도 그곳에 다다르기까지의 미로 같은 여정이 다르다면 같은 말이라도 담긴 뜻은 전혀 다르다.

서로 말을 통해 많은 이야기를 나눠도 이해 못한 경우, 그런 이유가 이면에 놓여있는 것이다.

철학적 탐구 ■

한 사람, 한 사람이
말의 의미를 바꾼다

예부터 사용해온 말이라도 사용법이 바뀌면 의미도 함께 바뀐
다. 예컨대 오늘날 '꼰대'라는 말은 다분히 모욕적인 의미를 띠
고 있다.

과거와 생활방식, 양식이 달라짐에 따라 말의 사용법이 변했
고, 말의 개념과 의미까지 달라졌기 때문이다.

결국 개개인이 어떻게 살아가는가? 어떤 행동을 하는가? 이런
것들이 생활을 바꾸고 말의 의미도 바꾼다.

따라서 평소 우리 한 사람, 한 사람의 사고방식이 말의 의미를
결정하는 요소가 된다. 또 그렇게 세계는 우리의 행동에 의해
변해간다.

확실성에 관하여 ■

한 가지 말은
다수의 의미를 가진다

한 가지 말이 계속 동일한 의미만 가질 수 없다.

예컨대 '사랑'이라는 말이 그렇다.

어떤 경우에 사랑은 무한한 포용을 의미한다. 그러나 어떤 경우에는 일종의 끈끈한 집착, 즉 애착을 의미한다.

무한한 포용을 의미할 때, 사랑은 상대의 자유를 존중하고, 경우에 따라 상대가 멀어지는 것까지 용납한다.

반면 집착을 의미할 때, 사랑은 상대를 칭칭 옭아매어 속박하고 소유물처럼 취급한다는 의미를 가진다.

그래서 똑같이 '사랑한다'는 말을 사용하면서도 연인은 끝없이 다툰다.

철학 ■

당신의 표현이 서툰 게 아니라
말 자체의 한계 때문이다

제대로 설명하려 해도 생각처럼 수월하게 말하지 못했던 경험이 꽤 있을 것이다. 그리고 이후에 상대가 자신의 설명을 제대로 이해했는지 몰라 불안해하기도 한다.

그러나 어쩔 수 없다. 우리는 말로 설명하거나 자신의 생각을 표현하는 방법밖에 갖고 있지 않다. 그리고 그때 사용하는 말이란 원래 처음부터 제대로 설명하기에 충분하지 않다.

말하는 방법이나 표현이 서툴러서가 아니라 말 자체가 사물이나 감정을 직접적으로 표현하는 데 빈약한 구조를 갖기 때문이다.

그렇다고 크게 실망할 필요 없다. 말이 이런 식으로 사물이나 감정을 표현하는 데 부족하다는 걸 잘 헤아려, 상대가 말하고자 하는 바를 이쪽에서 짐작해내는 친절한 마음이 중요하다.

심리철학적 소견들 1 ∎

말로 표현할 수 없는 것은
사고가 아니다

"아니, 그건 내 생각에서 좀 벗어나 있어."

"이렇게까지 설명했는데 아직도 모르나, 이 깊은 생각을….."

이런 말을 매우 의미심장하게 하며 불쾌한 표정을 짓는 사람이
있다.

그런 사람은 자신의 생각이나 사고가 마음이나 정신 속에 숨어
있기 때문에, 다른 이들은 짐작도 못할 심원한 뉘앙스를 가진
것이라며 홀로 득의양양해 한다.

그러나 말이나 문장으로 표현할 수 없는 것이 자신의 내면에 있
다면, 그건 별 볼일 없는 게 아닐까.

그 별 볼일 없는, 형태가 없는 것은 아무리 봐도 생각이나 사고
라 말할 수 없지 않을까.

철학적 문법 1 ■

WITTGENSTEIN

말 이면에서
더 많은 것을 이야기한다

"책상 위에 놓여있는 전기스탠드가 보인다."

이렇게 말할 경우 단순히 어떤 조명기구가 책상 위에 있다는 것만 의미하지 않는다. 또 단지 눈에 보이는 것을 말로 표현한 것도 아니다. 표현의 이면에는 그보다 더 많은 의미가 있다.

형식적인 인사로 생각되는

"건강하세요."

라는 표현도 그저 '건강관리를 하라'는 의미만 전하지 않는다.

우리는 짧은 말로도 이면에 있는 많은 상황과 기분을 전한다.

철학적 소견들 ▮

할 말이 없기에
침묵한다고 생각해서는 안 된다

미주알고주알 뭐든 말로 표현할 수 있는 것은 아니다.

말은 언제나 어떤 형태가 있는 것을 모방할 수 있을 뿐이다. 현실의 일에 적절한 말을 부여하는 것, 그런 식으로밖에는 표현할 수 없다.

비록 현실이 그곳에 있어도 적절한 말을 가져올 수 없다면, 그저 입을 꾹 다물고 있을 수밖에 없지 않은가.

따라서 누군가의 침묵을 두고 할 말이 없다는 증거로 생각해서는 안 된다. 말로 간단히 표현할 수 없는 것들이 많기 때문인지 모른다.

철학적 소견들 ■

이미지는
말로 다 표현할 수 없다

잠에서 깨기 직전에 꾼 꿈을 누군가에게 이야기한 적이 있는가.

그때 답답함을 느꼈을 것이다. 그 꿈에 대해 충분히 설명할 수 없다는 것에.

머릿속 꿈의 이미지는 매우 또렷한데 그것을 제대로 말로 표현할 수 없다.

이와 같은 일이 평소 대화에서도 벌어진다.

상대에게 전하고 싶은 자신만의 이미지나 의미를 도저히 말로 표현할 수 없는 경우가 있다. 말이라는 그릇은 그렇게나 작다.

그래도 어찌 됐든 우리는 말로 전하는 수밖에 없다.

문화와 가치 ■

말이 없다면
생각할 수 없다

우리는 너무 간단히 '나는 생각한다'고 말한다. 하지만 아마 대략적으로 자신의 머릿속 이미지를 멀거니 바라볼 따름이다.

그렇다면 말할 때 머릿속 이미지나 의미를 억지로 말로 변환하는 것일까?

아니, 그렇지 않다. 언어는 생각을 태우는 자동차와 같다.

따라서 말이 없는 곳에 '생각한다'는 게 존재할 리 없다. 문법에 점령당한 언어활동이 있기에 우리는 '생각' 할 수 있다.

무언가 제대로 표현할 수 없다면 충분히 생각하지 못한 것이다.

철학적 탐구 ■

모든 말에는
영혼이 있다

각각의 말은 그저 의미만 갖지 않는다. 그 말에만 깃든 영혼을 갖고 있다.

시는 무엇과도 바꿀 수 없는 마음의 영혼으로 엮여 있다.

철학적 문법 1 ■

사랑이라는 말은 알 수 없기에 매력적인 수수께끼가 된다

젊은이는 사랑을 동경하고 연애란 무엇인지 때때로 생각한다. 어머니는 어떻게 하면 최선을 다해 아이를 키울 수 있는지 고민한다. 지친 직장인은 자신의 인생이 대체 무엇인지 술 취한 머리로 내심 고민한다.

사랑. 인생. 육아. 아름다움과 추함. 행복. 연령. 질병과 건강. 정의. 평화. 선악. 평등. 성공. 승리, 재능. 저세상. 진리. 인간….

평소에 우리가 입에 올리거나 생각하는 이 말들은 하나같이 개념들이다. 결국 그 내용을 전혀 이해하지 못하는 말들이다.

그렇기 때문에 더할 나위 없이 매력적인 수수께끼가 된다. 그리고 그것을 탐구해보려는 마음이 생긴다.

철학적 탐구 ■

개념 언어에
속지 마라

우리는 말에 속는다. 속임수가 담긴 표현이 아니라도 말 한마디에 간단히 속는다.

예컨대 아름다움, 선, 진리, 영원 같은 단어들은 여러 가지 개념을 갖고 있다.

아직 그런 개념 언어가 무엇을 나타내는지도 온전히 이해하지 못한 상태에서, 그것을 사용한 논리로는 어떤 중요한 것도 결론 내릴 수 없기 때문이다.

이른바 내용이 텅 비고 무의미하다.

이를 실감하기 위해 굳이 철학책을 펼쳐보지 않아도 좋다. 거리에 넘쳐나는 수많은 상업광고를 보는 것만으로 충분하다.

그들은 무엇이 아름답고 무엇이 유행이며 무엇이 맵시 있는지 끊임없이 이야기한다. 그리고 대다수 사람은 그런 무의미한 광고를 보고 곧이곧대로 받아들여 고민하거나 속는다.

논리철학논고 ▪

행동이 동반되지 않는 말은 단지 음성일 뿐이다

우리는 입에 올리는 말 하나하나에 각기 의미가 있는 게 당연하다고 여긴다.

마치 하나의 말이 그 특유의 의미가 담긴 주머니를 갖고 있는 것처럼.

그러나 "나는 지금 양손에 바이올린과 활을 가지고 있다"고 말하면서 실제로 양손에 고양이를 안고 있다면 어떨까? 그런 말은 무의미하다.

이처럼 우리는 말에 반드시 의미가 따르지 않는다는 걸 알 수 있다. 그리고 말에 의미를 부여하는 건 그 말 이외의 행동이다.

말은 행동이 따르지 않으면 그저 음성에 지나지 않는다.

확실성에 관하여 ■

말은
행위다

잘못을 인정하듯 자기 사정을 어렵게 입에 올리는 경우, 우리는 그것을 진솔하고 뜨거운 사죄의 행위로 여긴다.

누군가에게 꾸지람을 들은 사람은 마치 두들겨 맞은 것 같은 얼굴을 한다.

애정이나 호의의 감정을 솔직한 말로 건네면, 상대는 무언가 받아들이는 태도를 취한다.

좀 덥다고 투덜대면 누군가 창문을 열어 시원한 바람이 들어오게 한다.

이와 같이 말은 그저 말로 끝나지 않는다. 말은 약간의 행위나 움직임을 재촉해, 대부분의 일에 큰 변화를 불러일으킨다.

철학적 탐구 ■

말이 풍요로우면
그만큼 세계는 넓어진다

수십 개의 말밖에 모르면 우리는 좁은 세계에서 동물처럼 살아가야 한다.

그러나 백 개의 말을 안다면 자신을 둘러싼 세계는 백만큼 넓어진다.

천 개의 말을 알면 세계는 천만큼 넓어진다. 만 개의 말을 안다면 세계는 한층 광대해진다.

말이 풍부해질수록 보이는 경치도 넓어지고, 이해할 수 있는 것도 많아진다.

따라서 자신이 이해하고 자유롭게 사용하는 말이나 표현을 가능한 한 늘려보자. 세계가 한층 넓어질 것이다. 이는 자신의 기회나 희망을 끝없이 성장시키는 것과 같다.

논리철학논고 ■

때로는 말로
표현할 수 없는 것도 있다

말하지 못한 것이 있을 것이다. 흡족하게 말하지 못한 것도 있을 것이다. 이처럼 말로 제대로 표현하지 못하는 경우가 많다.

그렇다고 조금이라도 실망하거나 후회할 필요는 없다. 누구든 똑같다. 진실로 말하고 싶어도 표현할 수 없는 것이 있다.

왜냐하면 말을 사용하기 때문이다. 말로 표현할 수 있는 것은 그리 많지 않다. 정말로 말하고 싶었던 것, 솔직한 마음, 신비로운 것, 진심어린 사랑은 말을 초월하기에 제대로 표현할 수 없다.

그것이 인생에 있어 소중하고 귀중한 것이라면 더욱 그렇다.

논리철학논고 ▨

말이 아닌 침묵으로
표현할 수 있다

도저히 말로 표현할 수 없을 때가 있다. 그럴 때 우리는 말 대신
침묵으로 표현할 수 있다.

논리철학논고 ■

그림은
언어다

그림이나 영상은 소설 속 문장처럼 언어를 갖고 있다. 따라서 그 자체로 우리에게 무언가를 이야기한다.

간단한 예로 불룩하니 두툼한 옷을 입고 있는 인물 그림은 온기를 느끼게 하고, 겨울 풍경이 그려진 회화를 보면 추위를 느끼는 그런 식으로.

철학적 문법 1 ∎

짧은 문장이
간결한 문장은 아니다

표현을 간결하게 하자는 생각에서 가능한 말을 줄이고 문장을 짧게 다듬으려 한다. 그러나 단어 수를 물리적으로 짧게 줄여도 표현이 반드시 간결해지지 않는다.

문장은 타인이 읽는 것이다. 간결한지 어떤지는 단순히 짧다는 것만으로 판단할 수 없다. 오히려 짧은 문장을 길게 늘이는 편이 과부족을 없애 때때로 독자가 읽기 쉬운 문장이 된다.

철학종교일기 ■

'믿어줘'가 아니라
'사랑해'

지금까지 역사 속에서, 특히 종교에서 수많은 잔혹하고 무시무시한 재난이 있었다. 그때마다 늘 '믿는다'거나 '신앙'이라는 말이나 신념, 가르침 때문에 역겨운 일들이 벌어졌다.

결국 '예수를 믿어라'라는 표현 방식이 강박이나 강제, 배척, 공격을 낳았다.

어째서 '예수를 사랑하라'고 말하지 않던 것일까? 그랬더라면 그 많은 잔혹 행위와 전쟁이 일어나지 않았을 텐데.

철학종교일기 ■

신을 믿는 데
증거 따윈 필요 없다

신의 존재에 대해서는 옛날부터 논쟁이 끊이지 않았다. 그 원인은 언어 사용법에 있다.

신을 믿는 자가 말하는 "믿는다"와 신을 믿지 않는 자가 말하는 "믿는다"는 완전히 다르다.

보통 사회생활에서 사용하는 "믿는다"는 말은 그 '믿음'의 확실한 증거로 일반적 경험, 기억, 검증 따위를 증거로 삼는다.

그러나 신을 "믿는다"고 말할 경우, 그런 증거를 필요로 하지 않는다. 무신론자는 이런 사용법의 "믿는다"는 말을 알지 못한다. 따라서 양자의 언쟁은 영원히 끝나지 않는다.

미학, 심리학 및 종교적 신념에 대한 강의와 대화 ■

설득처럼 보이지 않는
설득법

'자, 이제부터 설득해주마' 하는 의기나 태도를 보이면 상대는 오히려 설득당하지 않겠노라 굳게 마음먹는 법이다. 이는 오히려 설득력을 매우 약화시킨다.

가장 간단한 것은 설명하는 동안 상대를 납득시키는 방식의 설득이다.

그때 설명에 사용하는 가장 강력한 말은 "사실 ~였다" "까놓고 말해, ~은 ~일 수밖에 없다"는 단정이다.

미학, 심리학 및 종교적 신념에 대한 강의와 대화 ■

잘 전해지지 않는다면
표현을 강구하라

번역이란 단순히 어떤 언어를 다른 언어로 바꾸는 게 아니라, 문장의 의미만을 다른 언어로 표현하는 것이다.

이는 비단 번역만이 갖는 본질이 아니다. 누군가에게 무언가를 전한다는 것의 본질인 동시에, 이해한다는 것의 본질이기도 하다.

따라서 우리가 하는 말이 상대에게 제대로 전해지지 않는다면 어떻게 말로 표현할지 고민해야만 한다.

또한 자신이 제대로 이해하지 못한다면 상대의 말에 집착할 것이 아니라, 그 말이 전하는 내용의 의미나 기분을 잘 헤아려봐야 한다.

논리철학논고 ■

언어를 혁신하면
세계도 달라진다

이렇게 썩어빠진 현재 상황을 일격에 깨부수고 싶다면, 옛 세계에 작별을 고하고 새로운 세계의 문을 열고 싶다면, 자신이 보고 듣는 말의 내용을 바꿔라.

어떤 말이라도 그 내용과 개념은 그 시대의 문화·풍조·유행·가치관·정치적 규범에 물들어 있는 법이다. 따라서 그 내용과 말을 그대로 사용하면 아무래도 다른 사람들과 같은 연못 속에서 헤엄치게 된다.

따라서 그곳을 벗어나고 싶다면, 세상이나 자신의 말에 담긴 내용을 재조명하고 새로운 형태로 사용하는 것이 가장 손쉬운 길이다. 그래야 비로소 다른 세상이 열린다.

심리철학적 소견들 2 ■

폭력의 세계
즉, 사전

각각의 의미가 갖는 미묘한 차이를 애초부터 무시하고, 티끌만큼의 깊이도 통찰하지 않고, 평평한 팔레트 위의 사체 표본처럼 무엇이든 나란히 놓는 폭력이 맹위를 떨치는 세계가 있다.
그 세계의 이름은, 사전이다.

문화와 가치 ▮

말에는 사전에 실리지 않은
많은 의미가 있다

사회생활을 위해 다양한 말의 의미를 알고자 하는 사람에게 적당히 사전을 장만해주면 어떨까? 그 정도로 충분할까?

글이든 말이든 사전을 찾으면 분명 그 의미를 알 수 있다. 그렇지만 그 사람이 사회 속에서 부족함 없이 살아가기는 아마 어려울 것이다.

이는 물론 하나의 말이 갖는 의미가 하나뿐이 아니기 때문이다. 사회생활 속에서 여러 가지 다른 의미가 생기기 때문이다. 예컨대 "그렇군요"라는 말도 늘 찬성만 의미하지는 않는다. 경우에 따라 반대를 의미하기도 한다.

말의 의미는 생활의 흐름 속에서 생겨나는 법이다. 따라서 사전과 문법책만 있다고 번역이 가능한 건 아니다.

심리철학적 소견들 2 ▨

'행복하다'고 말하는 사람은
분명 행복하다

"나는 행복하다."

이렇게 말할 수 있는 사람은 분명 행복하다.

만일 누군가 "나는 가난하다"고 말했을 때, 그 사람의 자산 상황을 속속들이 조사하여 평균 소득과 비교해 정말로 빈곤한지 아닌지를 객관적으로 판단할 수 있다.

그러나 그가 행복한지 아닌지는 객관적으로 판단할 수 없다. 여기에 일반적 기준이 없기 때문만은 아니다.

행복은 무언가를 의미하는 말이 아니기 때문이다. 그렇다면 행복은 무엇을 말하는 것일까? 행복은 이미 말이 아니라 일종의 외침이나 액션 같은 것이다.

행복이라는 표현은 기쁨에 반사적으로 내지르는 소리와 같다.

심리철학적 소견들 1 ▪

어떤 말도
생활양상과 함께 기억된다

다른 사람이 아무런 저항도 없이 사용하는 몇 마디의 말이나 표현이 듣기만 해도 불쾌하게 느껴질 때가 있다.

이를테면, "멋있다"는 말이 일종의 아부나 우롱이 섞인, 신용할수 없는 느낌의 말로 들릴 때처럼.

이는 그 말을 기억한 유아 시절에, 꺼림칙한 상황에서 혹은 무언가 평소와 다른 느낌을 그 말과 한데 엮어 기억했기 때문이다. 우리는 유아, 아동기를 거치면서 순수하게 말과 그 의미만을 기억하지 않는다. 그때의 상황이나 느낌도 함께 기억한다. 어떤 말이든 그때의 생활과 함께 몸에 밴다. 그런 의미에서 부모나 교사, 주위 사람들의 생활태도가 그 말을 물들인다고 할수 있다.

철학적 문법 1 ▪

무의미는
무가치가 아니다

우리는 때때로 무의미라는 말을 사용한다.
'이것은 무의미하다' '무의미한 짓을 한다' '무의미한 시간을 보냈다'…

그러나 어떤 식의 말이든 무의미란 '이 자리에서는 효과적이지 않다'거나 '지금 이 자리에 일어난 일은 그다지 유용하지 않다'는 것을 가리킨다. 무의미라는 것은 무가치라는 의미도, 인생에서 전혀 쓸모없다는 의미도 아니다.

의미는 환경에 따라 얼마든지 변할 수 있다. 이곳에서는 무의미할지 몰라도, 다른 곳에서는 매우 의미 있는 것이 된다.

비트겐슈타인의 강의 II ∎

"좋다" "아름답다"는
누군가의 주의를 끌기 위해
사용하는 말

우리는 하루에 수차례 "좋다" "아름답다" "예쁘다"는 말을 입에 올린다.

하지만 "좋다"는 것이 어떤 상태인지, "아름답다"는 것이 무슨 뜻인지 분명히 설명할 수는 없다.

사전에 실린 의미대로도 아니고, 사람에 따라 뉘앙스도 완전히 다르고, 국가나 문화에 따라서도 다르다. 하지만 이들 말이 없다면 생활할 수 없다.

아니, 이들 말은 누군가의 주의를 끌거나 자신의 감동을 표현할 때 사용하는 것이다. "자 보라, 얼마나 아름다운가." "그것은 너무도 좋지 않은가."

비트겐슈타인의 강의 II ■

'왜' '어째서'는
불안을 나타내는 말

"왜?"

"어째서?"

이 말은 얼핏 이유나 근거를 묻는 것처럼 들린다. '왜' '어째서'는 무언가를 묻거나 질문할 때의 말이기 때문이다.

그러나 실은 이유나 근거를 알고 싶은 게 아니다. 그것은 불안을 표현하는 말이다. 곤경에 빠져 있을 때의 말이다.

만일 그렇지 않다고 해도, 상대의 본심을 알고 싶어 마음이 흔들릴 때 나오는 절실한 말이다.

비트겐슈타인의 강의 Ⅰ ■

감탄사를 자주 입에 올리는 건
표현력이 부족해서다

"귀엽다."

"훌륭하다."

"멋지다."

"굉장하다."

"최고다."

이들 말은 우리를 기쁘게 하지만, 그 효과를 알기에 무턱대고 이 말을 하면 뭐든 완만하게 해결될 것이라 여기는 사람도 있다.

혹은 그때 느낀 감동에 대해 이들 감탄의 말을 매번 사용할 수밖에 없는 사람도 있다.

그런 사람은 대개 표현력이 부족해 자기 자신을 잘 표현하지 못할 때가 많다.

미학, 심리학 및 종교적 신념에 대한 강의와 대화 ■

규율은
게임 룰에 지나지 않는다

대다수의 사람 혹은 직위에 있는 사람은 여러 가지 일에 대해 '하지 않으면 안 된다'고 말한다. 그때 그 근거를 물으면, 상대는 즉시 분노의 눈빛으로 돌변하다.

'규율에 따라 바르게 살지 않으면 안 된다' '복수하지 않으면 안 된다' '민주주의가 승리하지 않으면 안 된다' '준법정신을 갖지 않으면 안 된다'…

이렇듯 '하지 않으면 안 된다'는 말은 모두가 어떤 언어게임의 룰 가운데 있을 때만 통용된다.

그 룰이 지배하는 세계에서 한 걸음 벗어나면 '하지 않으면 안 된다'는 말은 애당초 어디에도 존재하지 않는다. 그 말이 통용되는 곳은 하나의 언어게임이 유효한 곳에서만 존재하기 때문이다.

그러나 현실은 그 인위적인 언어게임을 따르지 않는다. 즉, 그 게임의 룰 밖에 있는 기묘하고 기적적인 일이 일어나 우리를 경악시킨다. **비트겐슈타인의 강의 II** ■

3

마음에 대하여

자기 자신을
속이지 마라

자신을 속이지 마라. 자신이 하는 일과 기분을 잘 살피고 마음에 조용히 귀 기울여라.

곧 자기 자신의 마음에 물어야 한다.

자신에게 묻는 척하며 자신이 상상한 타인에게 묻지 마라. 자신을 응시하는 척하며 자신을 바라보는 타인을 응시하지 마라.

더불어 타인이 보는 자신의 모습이 짐짓 진정한 자신이라 착각하지 않도록 주의하면서.

철학종교일기 ▮

분노는
자기 자신을 상처 준다

불의에 대한 분노, 즉 의분이라는 말이 있듯 '분개한다'는 건 왠지 모르게 이전부터 참아온 정의감이 드디어 한계를 넘어섰다는 의미에서 매우 정당한 뉘앙스를 풍긴다.

그러나 실제로 어떠한 분개든 자기 자신을 공격하고 상처 주는 결과밖에 가져오지 않는 법이다.

철학종교일기 ■

화내고 싶지 않다면
자신을 송두리째 바꿀 수밖에 없다

지금까지 그랬던 것처럼 더 이상 화내고 싶지 않은가. 마음 깊이 진심으로 그러고 싶은가.

그렇다면 분노의 감정을 단순히 억누르기만 해서는 부족하다. 자신이 송두리째 변하지 않으면 안 된다.

자신이 완전히 변한다면 기쁨조차 과거와는 다른 것이 된다. 이전의 기쁨은 분노의 저편에 놓였지만, 이제는 그렇지 않다. 왜냐하면 감수성도 완전히 달라지기 때문이다.

철학종교일기 ▪

상대 입장이
될 수는 없다

"치통으로 고통 받는 사람의 아픔을 잘 안다. 그 입장이 돼보면 알 수 있다."

흔히들 그렇게 말하지만, 상대의 입장이 된다는 건 과연 어떤 것일까?

처음부터 끝까지 그 사람이 되는 것인가. 과연 그런 일이 가능하기는 한가.

상대의 입장이 된다는 것은 '지금의 자신'이 그 사람 입장에 서는 게 아닐 것이다. 결코 그 사람이 되는 것이 아니라, 그 사람인 양 자신이 과거에 겪었던 치통의 아픔을 떠올리는 것이다.

철학적 소견들 ■

타인의 고통은
진정으로 이해할 수 없다

자신이 느끼는 감각. 예컨대, 신체적 통증.

우리는 '오른쪽 어금니가 욱신거린다'고 말한다. 그러한 말로 자신의 아픔을 전했다고 믿는다.

그러나 타인이 그 아픔을 진심으로 이해해줬으리라 단정할 수 없다. 왜냐하면 통증의 객관적 기준을 우리는 무엇 하나도 갖고 있지 않기 때문이다.

만일 열이 난다면 체온계라는 편리한 객관적 기준을 사용하여 상대에게 정확히 전달할 수 있지만….

물론 우리는 마음의 아픔이나 슬픔, 기쁨에 대해서도 기준을 갖고 있지 않다.

철학적 탐구 ∎

표정이나 태도가 명료한 사람일수록 쉽게 이해를 얻는다

누가 봐도 몇 가지 공통된 패턴으로 나뉠 만큼 단순한 얼굴색. 기분이 곧바로 드러나는 노골적인 태도. 명확한 긍정과 부정. 흔들림 없이 그렇게 표현하는 사람은 주변사람들에게 안도감을 준다.

타인에게 불안과 동요를 주는 사람은 표정이나 동작에서 미묘한 음영이나 뉘앙스를 내포한다. 그런 사람은 신비롭게 보이기도 하지만 주변 사람들의 이해나 동의를 구하기 매우 어렵다.

왜냐하면 우리는 타인의 얼굴표정을 보고 진의를 파악하기 때문이다. 우리의 눈에 그 정서가 명료하게 보이는 자일수록 쉽게 받아들인다.

심리철학적 소견들 2 ■

091

타인의 잘못을
확대하지 마라

타인의 아주 작은 상처나 사소한 잘못을 망원경으로 보고 너무 크다고 말하지 마라.
반대로 거꾸로 잡은 망원경으로 자신의 잘못을 보며 별거 아닌 사소한 것이라 말하지 마라.

심리철학적 소견들 1 ▮

타인에 대한 혐오는
자신에 대한 혐오다

신은 내게 이렇게 말할지 모른다.

"네 입에서 나오는 보고에 따라 너를 심판하겠다."

그 이유에 대해 신은 이렇게 말한다.

"너는 다른 사람의 어떤 행동을 보고 구토가 날 만큼 역겹다며 온몸을 부르르 떨었다. 그러나 타인의 행동은 바로 네 행동과 똑같지 않은가. 결국 너는 바로 네 자신에 대해 혐오감을 느끼는 것이다."

문화와 가치 ■

0 9 3

사랑은
실험할 수 없다

사랑을 두고 마치 감각인 양 착각한다. 그러나 사랑은 감각이
아니다.

통증 따위의 감각은 나중에 살을 꼬집어보는 등 얼마든지 실험
할 수 있지만, 사랑은 그런 감각과 달라 실험할 수 없다.

단편 ■

사랑이란
상대를 조작하는 게 아니다

만일 그것이 옳은 애정이라면 사랑하는 사람을 늘 자기 손아귀에서 놀려서는 안 되지 않을까?

아무리 열렬히 사랑한다 해도 상대는 자신의 장난감이 아니다.

또한 사랑이라는 이유만으로 상대를 지배할 수 없다.

사랑하는 사람도 어엿한 하나의 인간이다. 그런 이상 갑작스러운 위험, 불안, 자기극복, 고뇌나 환희, 즉 인생 자체를 알아야만 한다.

그런데 사랑한다는 이유로 혼자 모든 것을 꾸미고 인생을 조작하려 드는 건 너무 오만하지 않은가. 사랑한다는 것은 이와 전혀 다른 게 아닐까.

철학종교일기 ■

사랑이야말로
행복 자체

사랑받으면 기쁘다. 사랑받지 못하면 외롭다.

사랑받지 않아도 사랑할 수만 있다면 만족할 수 있다.

사랑을 원하니까 바라본다. 적어도 사랑을 느낄 수 있다면 가슴은 따뜻해진다. 사랑하는 것이 있다면 몰입할 수 있다.

그러한 사랑을 대신하는 것은 이 세상에 아무것도 없다. 행복이라 불리는 것 중에는 반드시 사랑이 포함되어 있다.

아니, 사랑이야말로 행복 그 자체다.

문화와 가치 ■

이웃사랑도
이기심을 벗어날 수 없다

이기심이 조금도 포함되지 않은 이웃사랑이라는 것이 있을까?

철학종교일기 ■

097

선은 아름다움,
아름다움은 선

선한 것은 아름답다. 아름다운 것은 선하다.
이 둘은 결코 나뉠 수 없는 하나다.

논리철학논고 ■

선악은 결과가 아닌
행위 그 안에 있다

무언가를 행하고 그 결과로 좋고 나쁨이 평가되는 게 아니다. 그렇다면 시험점수나 비즈니스의 매출과 다를 바가 없지 않은가.

또 '나쁜 짓을 하지 마라'고 말하는 것은 결과가 나쁘다고 판정받거나, 발각되면 벌 받기 때문이 아니다.

좋은 일도 나쁜 일도 이미 그 행동 안에 상쾌함이나 벌을 포함하고 있다.

논리철학논고 ■

099

어차피 고통스럽다면
선에 가담하여 괴롭겠다

어차피 고통받아야 한다면 자기 안에 사는 선악의 다툼에서 선
에 가담해, 거기서 생기는 고통을 음미하겠다.

그것이 자기 안에 사는 악과 또 다른 악의 추한 다툼에서 고통
스러워하는 것보다 훨씬 낫다.

철학종교일기 ■

악이 존재하기에
선이 존재한다

선이 있기에 악이 있다. 선이 없다면 거기에 악은 없다.

예컨대 나는 매번 나쁜 짓을 하는 사람이 될 수 있다. 단, 선한 일을 하는 사람이 될 수 있다는 여유가 있을 때 한해서 악한 일을 저지른다.

선한 일도 할 수 없는 세계에서는 무엇이 악한 일인지 판정할 수 없기 때문이다. 더위와 추위의 관계처럼.

철학종교일기 ■

진실로 원하는 것은
따로 있다

어떻게 바라는가. 어떤 식으로 구하는가. 그것을 찬찬히 관찰해보자.

그러면 무엇을 원하는지 알 수 있다.

왜냐하면 우리는 진심으로 원하는 것이 아닌, 다른 것을 손에 넣기 갈망하기 때문이다. 예컨대 대형견을 원하는 사람이 진실로 바라는 것은 지배력이라는 식으로 말이다.

철학적 문법 2 ■

걱정은
의연히 받아들여라

살아 있는 한 걱정거리는 끊임없이 생겨나는 법이다. 따라서 자신은 걱정이 많은 타입이라며 속 끓일 필요 없다.

누구라도 걱정거리는 어느 정도 있다는 분명한 결론을 내리고, 의연히 받아들이는 편이 훌륭한 대응이다.

건강이나 감정도 시시각각 변하지 않는가. 걱정도 그와 비슷한 것이라 생각하고 의연하게 받아들여라.

문화와 가치 ■

소원에
허영심이 섞여 있지 않은가?

자신의 소원을 잘 바라보라. 끊임없이 바라는 것, 그 내용을 응시하라.

아주 작은 소원 혹은 평범한 소원이라도, 그 안에 허영심이나 허세가 단 한 방울도 섞이지 않았는가.

자신이 원하는 것을 찬찬히 음미해보라.

문화와 가치 ■

끝까지 정직할 수 없는 것은
강한 허영심 때문

끝까지 정직하게 자신을 드러낼 수 없는 건 허영심이 강하기 때문이다.

철학종교일기 ▪

허영심이
우리의 행동을 더럽힌다

어떤 행위든 만약 거기에 조금이라도 허영심이 섞여 있다면, 유감스럽지만 그 행위 전체가 더럽혀지고 만다.

철학종교일기 ■

허영심이 섞이면
가치를 잃는다

어떤 일이든 무엇과도 바꿀 수 없는 가치가 있다. 한편 모조리
빛을 잃는 가치도 있다.
허영심이나 이기주의가 섞여 있을 때 그렇다.

철학종교일기 ■

남에게 지기 싫은 것은
허영심이 크기 때문이다

자신은 그 사람에게 도저히 필적하지 못한다고 생각한다. 어떤 수단과 방법을 써도 도저히 견줄 수 없다는 생각에 분해하고, 그 감정은 자신을 상처 준다.

그토록 가슴 아파하는 이유는 무엇일까?

그것은 자신이 상대와 같은 모래판 위에 있다고 생각하고, 절대 질 수 없다는 자존심이 속삭이기 때문이다.

이것이 바로 큰 허영심을 갖고 있다는 증거가 아닌가.

철학종교일기 ■

자만심은
실패를 불러온다

예기치 않게 성공했다고 안심하지 마라. 생각대로 순조롭게 진행되었다고 자만하지 마라.

이는 눈밭을 걷는 중 잠시 주저앉아 충분한 휴식을 취하는 것과 같다. 곧 기분이 좋아지고 점차 졸음이 몰려오고 그대로 얼어 죽는다.

문화와 가치 ■

남을
부러워하지 마라

남을 부러워하지 마라. 그들이 수중에 넣은 것을 원하지 마라.

만일 똑같은 게 자신의 수중에 들어왔다고 해도 남들처럼 행운

이 찾아올 거라 백 퍼센트 장담할 수 없다.

당신 손에 쥐어진 순간, 큰 재앙을 초래할지도 모르기에.

철학종교일기 ■

죄는 다양하게
자신을 아프게 한다

만일 과거 어떤 일에 대해 후회한다면 역시 죄를 범한 것이다.
하물며 당신은 겁쟁이라 그 죄에 대해 모조리 고백할 수도 없다.
동시에 자신의 비겁함과 유약함을 혐오스럽게 생각하고 비난한
다. 아, 죄가 빚어내는 그 다채로운 빛깔의 고통이여.

철학종교일기 ■

독창성이란
새로운 토지 혹은 종자

독창성은 두 가지 사물에 비유할 수 있다.

하나가 토지다. 아무도 모르는 미지의 땅을 발견하는 것이 그것이다.

다른 하나는 종자다. 수많은 사람이 짓밟은 오랜 토지라도 새로운 씨앗을 뿌리면 한 번도 본 적 없는 꽃이 피고, 마찬가지로 그런 열매도 맺을 수 있다.

문화와 가치 ■

112

본능은
이성을 이긴다

실제로 우리를 움직이는 것은 뭐니 뭐니 해도 일단은 본능이다.
이성적 판단이 우리의 행동을 좌우하기도 하지만, 그래봤자 그
힘의 강도는 본능에 밀리고 만다.

심리철학적 소견들 2 ■

누구나
인생 고민이 있다

현명한 사람도, 어리석은 사람도 고민한다. 대다수 사람은 고민 따위는 없다는 듯 방긋방긋 웃지만 각자 고민이 있다.

자신이 고민할 때와 다른 얼굴을 하고 있어도 누구나 인생의 고민을 끌어안고 있다. 그저 그 표정이 각자 다를 뿐이다.

문화와 가치 ■

자존심은
신체에 근거한다

우리를 지탱하는 존엄. 예컨대 자존심이나 위엄이라는 것은 단지 숭고한 개념이 아니다.

우리는 그 개념을 충분히 만족할 만한 정상적인 신체적 조건하에 가질 수 있다.

이 말이 의심스럽다면, 이런 개념을 가진 사람을 가두고 그의 손가락, 두 다리, 코, 귀를 잘라보라. 그가 언제까지 이전처럼 자존심이나 위엄을 유지할 수 있는지.

철학종교일기 ■

1 1 5

아이도 고민하고
아파할 필요가 있다

아이의 즐거움에만 주안점을 둔 학교가 과연 바람직할까?

아이가 나름대로 고민하고 아파하는 경험을 사전에 없애버려

도 좋을까? 고민하고 아파하는 것도 반드시 필요한 교육이 아닐

까? 아이를 인간답게 키우는 방법 중 하나가 아닐까?

문화와 가치 ■

공명심이
철두철미한 사고를 방해한다

남보다 독보적으로 눈에 띄고자 하는 마음. 유명해지고자 하는 욕구. 훌륭한 사람으로 보이길 바라는 마음. 자신은 특별히 뛰어나다고 인정받길 바라는 욕구.

이런 여러 공명심이 있다는 것만으로 우리는 철저히 사고할 수 없다. 사고가 공명심의 탐욕에 이끌려 볼썽사납게 뒤틀리기 때문이다.

문화와 가치 ■

애국심은
애국에 대한 애착에 지나지 않는다

애국심. 이는 그 나라에 사는 누구나가 당연히 가져야 하는 심성인 양 생각할지 모른다.

그러나 내실은 어떠한가. 그것은 심성 따위가 아니라 애국이라는 애매한 개념에 대한 강한 애착에 지나지 않는다.

철학종교일기 ■

눈이 무언가를 나타내는 게 아니라
보는 이가 눈에 의미를 부여한다

눈은 외부의 빛이나 형태, 색깔을 받아들이는 감각기관이다. 눈은 스스로 무언가를 내뿜는 기관이 아니다.

그러나 우리는 이런 식으로 말한다. '시선을 던지다' '눈으로 위협하다' '눈이 튀어나오다' '눈빛' '시선을 주다' '눈이 빛난다'…

마치 눈에서 무언가 뿜어져 나오는 양.

그러나 눈만 빼고 얼굴을 천으로 가리면 상대의 눈에 어떤 감정이 담겨 있는지 알 수 없다. 우리는 그저 평범한 눈밖에 볼 수 없다.

결국 우리는 상황이나 정서를 해석하고, 그 해석을 전제로 타인의 눈에 의식이나 마음이 담겨 있는 양 바라볼 뿐이다.

단편 ■

자신의 의식은 타인에게
전부 드러난다

자신의 의식이나 마음이 지금 어떤 상태인지 모든 이가 안다.

그런데 무슨 까닭인지 자신의 의식이나 마음을 타인에게 잘 숨
겼다고 굳게 믿는다. 결국 자신만의 비밀이요, 자기 혼자만의
요새라 생각한다.

그러나 그 의식과 마음은 얼굴표정으로 또렷이 드러난다. 태도
나 동작에도 고스란히 나타난다. 결국 안과 밖은 같다.

단편 ■

기분과 감각은
완전히 별개

우리는 종종 기분과 감각을 혼동한다. 그러나 이 둘은 다르다. 분노, 기쁨, 우울, 차분함, 공포, 증오는 기분이다. 이는 눈물이나 긴장 따위의 신체 반응을 불러일으키지만, 감각 그 자체는 아니다.

감각은 그 감각이 발생한 신체 부위나 범위를 정확히 손가락으로 가리킬 수 있다. 예컨대 통증, 저리거나 젖은 부위 말이다. 또 그 부위는 점차 넓어지기도 한다.

그러나 기분은 신체의 어느 부위에서 일어나는지 정확히 짚어낼 수 없다. 또한 기분의 원인은 자기 안에 있기 때문에 두 사람이 같은 것을 봐도 똑같은 기분이 들지 않는다.

단편 ■

1 2 1

기분은
사고방식에 따라 변한다

'무엇을 생각하는가'와 '어떤 기분이 되는가'는 매우 밀접하게 연결되어 있다.

혹은 '무엇을 생각하는가'로 기분은 크게 좌우된다.

두려움, 슬픔, 즐거움, 두려움은 '무엇을 어떻게 생각하는가'에서 나온다. 자신이 보거나 느끼는 모습이 뒤틀리고 흉측하여 두려운 게 아니다. 그 상대가 어떤 나쁜 짓을 해오지 않을까 하는 생각이 공포심을 낳는다.

아무것도 생각하지 않으면, 어떤 기분도 생기지 않는다. 그러면 어떤 것을 대해도 그저 담담할 수 있다.

따라서 생각으로 통증을 지우기는 어려워도, 불쾌한 기분은 사고방식 하나로 충분히 없앨 수 있다.

단편 ▪

신념, 희망, 기대라는
말을 사용하는 사람은
곤경에 처해 있다

신념. 희망. 기대. 이 말들은 각기 다르지만 어딘가 닮아 있다.

이 세 가지 말 가운데 하나라도 사용하는 사람은 어떤 장벽에

갇힌 상황에 있음을 나타내기 때문이다.

그리고 먼 곳에서 새어 들어오는 희미한 빛을 계속 응시하여,

언젠가 그곳을 통해 바깥 세계로 가기를 바란다.

철학적 탐구 ■

동기나 이유는
추후 설명에 지나지 않는다

어떤 상황에 대해 상대에게 그 이유나 동기를 물었다고 가정해

보자. 그러면 상대는 이유나 동기에 대해 답할 것이다.

그러나 상대가 답한 동기나 이유로 그가 그렇게 행동했다고 간

단히 받아들이면 안 된다.

이유나 동기는 누가 그것에 대해 질문했을 때 하는 말이다. 즉,

하나로 정리한 해명 혹은 추후에 정당화를 위한 논리 정연한 변

명에 지나지 않는다.

미학, 심리학 및 종교적 신념에 대한 강의와 대화 ■

속마음이
정말로 중요한가

"속마음을 털어놔라."

"마음속으로 어떻게 생각하는가?"

"가슴 속으로 무슨 생각을 하는지 모른다."

"마음속 깊이 있는 진짜 속내는 무엇인가?"

우리는 보통 이런 식으로 말한다. 이 말은 우리 마음에 지층 같
은 게 있어서 그 가장 깊은 밑바닥에 있는 진짜 기분, 본심은 감
춰져 있다는 표현 아닌가.

혹은 일상에서 사회가 요구하는 가면을 쓰고, 보통 자기 생각과
다르게 행동하기에 이런 식으로 말하는 게 아닌가.

그렇다고 해도 속마음이라는 것이 그렇게 중요한가. 그 사람의
표정이나 태도에 나타나는 것보다 진짜 더 중요한가.

심리철학적 소견들 2 ■

신앙이 행복을 가져다주는 것은
사람에 대한 두려움을
없애주기 때문이다

신앙이 우리를 행복하게 한다는 말의 의미를 알았다. 신을 섬기고 겸허해지면서 어느새 사람에 대한 두려움이 없어지기 때문이다. 그만큼 우리는 평소에 타인을 두려워하며 살아간다.

철학종교일기 ■

신의 심판이 두려운 건
신앙심이 아닌 공포심 때문이다

살아가는 동안에 이런저런 악행을 저지르면 신에게 벌을 받거나, 지옥 불에서 사후를 보낼 거라는 종교적 신념을 가진 사람이 있다. 게다가 그는 신의 뜻에 따라 충실히 살아가고 있다고 자부한다.

그러나 그것이 신앙에 따라 살아가는 것처럼 보이지만 실은 공포로 괴로워하는 것일 뿐이다.

미학, 심리학 및 종교적 신념에 대한 강의와 대화 ■

4

삶에 대하여

용기 없이
살아갈 수 없다

인생을 살아가는 데 가장 필요한 것이 있다. 바로 자신의 두려움을 어떻게든 짓밟고 극복하는 과정이다.

단지 약간의 두려움으로 얼마나 많은 일들에 만족할 수 없게 되는가. 두려움을 극복하고 용기를 키워라.

용기 없이 살아갈 수 없다. 아무리 요령이 좋아도 용기가 없으면 안 된다. 용기만이 기회를 넓히고, 위기에서 구원하고, 자신감과 능력을 안겨주기 때문이다.

용기 없는 타인들을 알아차리고 비웃는다고 자신의 용기가 커질 리 없다. 사람을 평가하지 마라. 먼저 용기를 자신의 것으로 만들고 세상을 헤쳐 나가라.

문화와 가치 ▪

인생을 용맹과감하게
싸워 나가라

나는 진심으로 생각한다. 진정한 삶을 원한다면 용맹하고 과감하게 싸워야 한다고.

이 용감함 외에는 하나같이 주저함이나 무력하고 비겁한 것이다. 형세 관망, 실수나 겁먹는 것은 태만함이다. 그런 태만한 삶의 태도는 결국 자신을 비참하고 한심한 사람으로 만든다.

작은 즐거움이나 요행에 매달려서는 안 된다. 그런 한심한 태도로 살아가선 안 된다. 진정으로 당당하게 살아라.

죽음을 두려워하지 않고 돌진하는 병사처럼, 혼신의 힘으로 끝까지 싸워나가지 않으면 안 된다.

철학종교일기 ■

자기 자신을 속이기는
어렵다

가능하면 곧고 정직하게 살아가는 게 좋다.

자신을 속이기는 매우 어렵기 때문이다. 만일 자신을 속였다고

해도 그 동안 뜻하지 않은 불쾌감을 맛보게 될 것이다.

문화와 가치 ■

당신이 살아가는 방식이
세계다

당신이 지금까지 살아온 것처럼 앞으로도 살아간다면 세계도 지금까지와 다를 바 없을 것이다.

그러나 앞으로 당신이 살아가는 방식을 바꾼다면 그에 따라서 세계도 새로운 얼굴을 보여줄 것이고 더욱 커질 것이다.

당신과 세계는 별개로 존재하지 않는다. 또 어떤 단단한 세계의 단편에 당신이 놓여 있는 것도 아니다.

당신 자신이 바로 당신의 세계다. 그리고 그곳에 당신은 살고 있다. 따라서 당신이 살아가는 방식으로 당신의 세계는 얼마든지 좋아질 수 있다.

사실, 당신 자신이 하나의 소우주다.

논리철학논고 ■

WITTGENSTEIN

당신 인생에
제한은 없다

지금 여기서 살아가는 게 숨 막히는가. 사는 게 괴로운가.
그것은 자그마한 한 점만 끊임없이 응시하고, 거기에 있는 작은
것이 자신의 인생이라고 단정하기 때문이다.

눈을 들어라. 몸을 일으켜 고개를 들고 주위를 돌아보라. 많은
것이 보이지 않는가. 가까운 곳도 먼 곳도 보이지 않는가.

하늘을 향해 누워라. 엎드려 보라. 하늘도 땅도 나무도 별도 보
인다. 당신은 세상 온갖 것들을 볼 것이다. 아무것도 숨지 않고
어떤 것도 가리지 않기에 모든 것을 눈에 담을 수 있다.

당신 인생도 이와 같다. 티끌만큼의 제한도 없다. 당신이 원하
는 온갖 것을 할 수 있는 모든 가능성이 그곳에 펼쳐져 있지 않
은가.

논리철학논고 ■

지금 할 수 있는 일을
열심히 하라

당장 일어나 지금 할 수 있는 일을 부지런히 해치워라. 그것을 하지 않는 동안 다른 어떤 것도 영원히 시작되지 않는다.

귀찮고 내키지 않아도 아무튼 지금 할 수 있는 것부터 하지 않는다면, 나중의 것도 할 수 있을 리 없잖은가.

산에 가서 큰 돌을 움직이기보다 발 아래의 모르타르*를 벗기는 작업이 훨씬 간단하다. 그 이치를 안다면 먼저 눈앞에 있는 모르타르를 벗겨라.

문화와 가치 ■

---

* 모르타르(mortar): 회나 시멘트에 모래를 섞고 물로 갠 것. 주로 벽돌이나 석재 따위를 쌓는 데 쓰인다.

정열이 있어야만
생활을 바꿀 수 있다

지혜나 지식은 우리의 생활을 온전히 만들어주지 않는다.
왜냐하면 완성된 지혜나 지식은 차갑기 때문이다.
우리의 생활을 바꿀 힘을 가진 건 그런 차가운 것이 아니라 부
글부글 끓어오르는 정열이다.

문화와 가치 ■

불쾌함도
세상의 선물이다

살아 있는 한 욕을 먹기도 하고 비난받기도 하고 경멸당하는 일
도 많은 법이다. 불쾌하다. 그래서 반격하고 싶다. 자신이 옳다
고 주장하고 싶다. 오해를 풀고 싶다. 변명도 하고 싶다.

그러나 그것도 이 세계를 살아가기에 받을 수 있는 선물이 아닌
가. 그런 불쾌함도 자신의 것이라 받아들이고 살아가는 게 우리
가 이곳에서 살아간다는 게 아닐까.

프레이저《황금가지》에 대하여 ■

그런 작은 일에 휘둘려
인생 대부분을 써버려도 좋은가?

무엇에 대해 안달복달 끙끙거리며 고민하고 있는가. 언제까지
심사가 뒤틀려 있을 것인가. 대체 그 불쾌함과 고민의 원인은
무엇인가.

자신이 고민하거나 끊임없이 생각하는 것을 차분히 응시해보
라. 그 크기를 분명히 측정해보라.

그러면 명확히 이해할 수 있다. 얼마나 작은 것인지를, 얼마나
하찮은 것인지를.

그런 작은 일에 휘둘려, 진정 당신의 인생 대부분을 써버려도
좋은가.

문화와 가치 ▇

모두에게
맞추지 않아도 된다

모두 계속 걷는다고 자신도 보조를 맞춰야 하는 건 아니다. 모두가 저편을 보고 있다고 자신도 그쪽으로 시선을 줘야 하는 건 아니다.

제자리에 멈춰서도 좋고, 웅크리고 앉아 자신의 발 아래에 있는 벌레나 꽃을 바라봐도 상관없다.

사람들보다 뒤처져도 좋지 않은가. 그렇게 가장 소중한 것을 발견할 수 있기 때문이다. 바로 그때, 모두 걸음을 멈추고 뒤돌아 볼 것이다.

문화와 가치 ■

작은 일에
가시를 세우지 마라

보통 우리는 조잡하게 처리하거나, 대강 이해하거나, 실수나
잘못을 마음에 두지 않거나, 볼일 하나쯤은 괜찮다며 잊어버리
거나, 서로에게 결점이나 죄가 있어도 용서하거나 용서받거나
한다.

그런 식으로 무슨 일이든 엄밀하지 않기에, 서로 인간적인 유대
감을 갖기에, 지금 우리의 생활은 어떻게든 성립된다. 따라서
작은 일에 가시를 세우지 마라.

확실성에 관하여 ▪

용서 없이
살아갈 수 없다

철저히 원리원칙대로 혹은 매너나 규율을 완벽하게 지키거나 늘 흑백을 명백히 하려는 냉정한 태도로 고지식하게 살아갈 수 없다.

그런 태도가 자신을 숨 막힐 정도로 힘들게 하기 때문만은 아니다. 어느 정도 너그러워 상대가 실수를 저질러도 넘어가주는 관용이 있을 때, 결국 서로를 감수할 때 우리의 생활이 성립되기 때문이다.

관대한 마음, 화내지 않고 웃으며 지내는 태도, 양보하는 마음, 법률이 어떠하든, 도덕이 무엇을 말하든, 규칙이 어떠하든, 습관이 어떤 것이든, 도리에 맞지 않아도 그것과는 무관하게 용서하는 마음.

자신뿐 아니라 타인의 이러한 배려가 있기에 우리는 세상을 살아갈 수 있다.

확실성에 관하여 ■

WITTGENSTEIN

어떻게 살 것인지
끊임없이 생각하라

우리에게 던져진 질문은 무엇인가. 인간의 문제란 무엇인가.

그것은 '어떻게 살아갈 것인가' 하는 물음이다.

인간의 문제는 온기 있는 곳에 안락하게 앉아 있는 게 아니다.

한곳에 머물지 않고 일어서서, 걸음을 멈추지 않고, 언젠가 반

드시 맞이하지 않으면 안 되는 죽음의 시간을 향해 시시각각 나

아가면서도, 지금을 어떻게 살아갈 것인가 하는 것이다.

철학종교일기 ■

존경이 아니라
사랑받도록

적지 않은 사람이 타인에게 칭찬받으려 한다. 사람들이 자신을 기특하게 생각해주길 바란다.

더 한심하게는 심지어 위대한 인물이거나 존경해야 할 사람으로 보이길 바란다.

그것은 잘못된 것이 아닐까. 사람들에게 사랑받을 수 있도록 살아가야 하지 않을까.

문화와 가치 ■

망설여진다면
자연에 배워라

어떻게 해야 할지 망설여질 때, 남의 것을 흉내 내거나 전부터 있던 것을 본보기로 삼으면 안 된다는 말이 아니다.

그보다 자연에서 배워야 한다. 자연을 관찰하면, 거기서 새로운 가르침이나 지도를 받을 수 있다.

문화와 가치 ▪

인과법칙 따윈
있을 리 없다

이걸 하면 이런 결과가 나온다, 이런 인과법칙 같은 건 존재하지 않는다.

우리가 원인이라 부르는 것은 하나같이 멋대로 정한 가설이기 때문이다. 하나의 원인이 반드시 특정 결과를 낳은 건 아니다.

어떤 것을 행하고 그것이 어떤 사태를 낳을지 사전에 알 수 없다. 무슨 일이든 일어날 수 있다. 또 아무 일도 일어나지 않기도 한다.

따라서 행동을 겁내지 마라. 과감하게 행하라. 행동하지 않아 분한 것보다 훨씬 낫다.

비트겐슈타인의 강의 Ⅰ ■

운명이라는 말에
구속받지 마라

우리는 자연법칙을 적극적으로 이해하고 그것을 다양하게 응용하여 어떻게든 자신에게 유리하게 사용하려 한다.

그런데 어째서 운명의 정체를 밝히고 그것을 이용해 쉽게 살아가려고 하지 않는가. 운명이라는 말이 갖는 이미지에 구속이라도 당한 것인가.

심리철학적 소견들 1 ■

일할 수 있다는
은혜

정말 큰 은혜란 무엇인가.

오늘 자신의 일을 할 수 있다는 것.

문화와 가치 ▉

일은 다른 사람과 나눠 하는 것보다
혼자 하는 게 간단하다

여러 일을 가장 효과적으로 적절한 인물이나 장소에 정확히 분
담시키는 작업은 대단히 힘겹고 어렵다.
그보다 혼자 일하는 게 훨씬 간단하고 쉽다.

철학종교일기 ■

득실로 인생의 결단을
내리지 마라

가장 일어날 가능성이 높은 결과를 예상하고 자신의 태도를 결정하려 하는가. 이후의 득실을 전망하고 앞으로의 태도를 결정해도 좋은가.

그것은 비겁한 태도가 아닌가. 그런 비겁함 위에 자신의 인생을 쌓아올려도 좋은가.

계산하고 예측하고 아픔을 가능한 피해가는 것이 인생일까. 오히려 아픔과 고통을 받아들여야 제대로 살아갈 수 있지 않을까.

철학종교일기 ■

산다는 것은 상상보다 훨씬 진지하다

우리가 머리로 생각하는 것보다, 사람들이 살아가는 모습을 보고 상상하는 것보다, 산다는 것은 훨씬 진지한 것이다.

철학종교일기 ■

인생을 바꾸고 싶다면
일도 환경도 아닌 태도를 바꿔라

자신의 인생을 바꾸길 원하는 사람은 많다. 그래서 그들은 일이나 삶의 터전을 완전히 새로운 것으로 바꾸기도, 인간관계를 바꾸기도 한다.

그러나 그들은 무슨 까닭인지 인생을 개선하는 데 가장 중요한 사항에 대해서는 미처 깨닫지 못한다.

자신의 인생을 좀 더 나은 것으로 바꾸기 위해서는 자신의 태도를 바꿔야만 한다는 것을. 그것이 인생을 개선하는 데 가장 효과적인 방법이라는 것을.

문화와 가치 ■

기독교란
삶의 방식을 바꾸는 것

기독교의 가르침은 결국 이것이 아닐까.

즉, 자신의 생활을 바꾸는 것. 삶의 방식을 바꾸는 것.

문화와 가치 ■

기분 좋게 살아가는 게
올바른 삶의 방식이 아니다

신의 눈으로 보았을 때 옳다고 할 수 있는 삶의 방식은, 아마 지금과 같은 것이 아닐 것이다. 왜냐하면 지금 나는 기분 좋은 방식으로 살아가기 때문이다.

그런 기분 좋은 삶의 방식은 결국, 자아와 자존심과 수많은 욕망을 채우기 위해 살아가는 것이다.

아마 신은 그런 방식과 완전히 다른, 자신의 욕망에서 벗어난 가장 진지한 태도로 살아가길 바랄 것이다.

철학종교일기 ■

문제를 해결하고 싶다면
삶의 방식을 바꿔라

인생에 까다로운 문제가 있다면 그건 다음과 같은 것을 말한다. 즉, 지금 당신이 살아가는 방식이 본래의 방식과 맞지 않거나 벗어나 있다는 것을. 그 어긋난 부분에서 지금의 문제가 비죽비죽 생겨난다.

그렇다면 어떻게 하면 좋을까? 여하튼 지금 삶의 방식에서 탈피할 것. 지금의 방식을 완전히 바꿔버리는 것이다.

그러면 당신이 살아가는 방식은 원래와 잘 맞게 될 것이고, 그때 문제는 감쪽같이 증발하여 사라질 것이다.

문화와 가치 ▪

우리는 매일
끊임없이 변한다

역사책을 읽다 보면 어느 시대에는 마녀의 존재를 믿지 않았는데, 다음 시대에는 마녀의 존재를 굳게 믿는 일이 일어난다. 이에 우리는 놀란다. 우리의 생각과 행동이 이토록 끊임없이 바뀔 수 있구나, 하고.

그러나 평소 자신에 대해 돌이켜 생각해보면, 분명 납득이 간다. 자기 자신도 이제껏 해왔던 일을 오늘은 할 수 없거나 혹은 하기 싫거나, 지금까지 생각지도 않았던 일을 오늘 서슴없이 행하는 일이 빈번하기에.

철학종교일기 ■

잘 죽을 수 있도록
현재를 살라

내게 이런 말이 찾아왔다.

"잘 죽을 수 있도록 현재를 살라."

철학종교일기 ■

후회가 죽음을
두렵게 만든다

죽음을 맞이하기 직전 '나는 원하는 것을 충분히 이뤘다'고 생각할 수 있다면, 그 사람은 매우 행복할 것이다.

그러나 '좀 더 잘했어야 했다. 제대로 살았어야 했다. 그러나 이미 너무 늦었다. 무엇을 하기에는 이미 늦었다'고 생각한다면, 죽음은 두려운 순간이 될 것이다.

철학종교일기 ∎

많은 사람이
선택한 길은 쉽다

대다수 사람은 지름길을 가려고 한다. 위험한 언덕이 없는 평탄한 길을 가려고 한다.

가능하면 경치 좋은 길을 선택하려 한다. 장애물 없는 쉬운 길을 가려 한다. 발이 아프지 않고 땀도 흘리지 않고 가려 한다.

철학종교일기 ■

타인의 호의 없이는
살아갈 수 없다

고독하게 생활할 수 있다. 그러나 타인의 자그마한 호의도 없이
살아가기란 매우 어렵다.

철학종교일기 ■

인생에 대해선
정확히 물을 수도 답할 수도 없다

의문이 생기면 거기서 물음이 나온다.

물음이 생기면 거기서 답이 나온다.

그러나 이들 의문 · 물음 · 답이 생기는 곳은 늘 말과 논리가 있는 곳에 한한다. 말과 논리가 없는 곳 외에서는 의문 · 물음 · 답도 생기지 않는다.

결국 인생에 대하여, 영혼에 대하여, 저세상에 대하여, 신에 대하여, 우리는 정확히 물을 수도 답할 수도 없다.

그것들은 그저 경험될 뿐이고, 설명할 수 없다. 따라서 침묵만 존재할 뿐이다.

논리철학논고 ■

인생 문제는 생각지 못한 형태로
풀리기도 한다

수학 문제는 종이에 쓰면서 푼다. 그것을 보고 문제를 풀었다고 인정한다.

그러나 인생의 여러 문제들은 그런 형태, 즉 누구든 이해할 수 있는, 눈에 보이는 방식으로 풀리지는 않는다.

그때마다 전혀 다른 형태로, 생각지 못한 방식으로, 불현듯 혹은 슬그머니 이제껏 생각지도 못한 의미에서만 풀리는 것이다.

문화와 가치 ■

WITTGENSTEIN

인생 문제는
일류 과학자도 풀 수 없다

최고의 두뇌를 가진 수학자와 물리학자를 불러오면 지금 이곳
에 있는 인생의 문제를 당장에 풀 수 있을까?

그건 무리다. 왜냐하면 수학자나 물리학자가 풀 수 있는 문제는
완전히 순수하고 냉정한 문제뿐이기 때문이다.

이에 반해 인생의 문제는 반드시 시간을 포함하고 있다. 결국
수많은 변화가 반복되어 늘 유동적인, 새롭고 신선한 문제다.

비트겐슈타인의 강의 II ■

시간이 없다고
한탄하지 마라

생각하지 않아도 좋지 않은가. 생각하기에 신경 쓰여 견딜 수
없게 된다.

그 초조함이 싫다면 생각해선 안 된다. 생각하지 않으면, 그곳
의 모든 게 사라진다.

시간도 마찬가지다. 시간이 부족하다고 슬퍼하지 마라. 시간은
늘어나거나 줄어드는 게 아니다. 그런데 시간을 무언가의 양이
라 생각하는 버릇 때문에 시간이 있거나 없다고 생각한다.

중요한 것은 시간의 많고 적음이 아니다. 무엇을 하는가. 무엇
이 일어나고 그것에 자신이 어떻게 맞서는가. 이런 것들이다.

일어나는 일 없이 시간 따위는 무의미한 것이기에.

비트겐슈타인의 강의 II ■

아무리 힘든 생활에도
아름다운 빛이 비춘다

이 하루하루의 삶. 이 소소한 생활.

어제 하루, 오늘 하루를 살아가면서 우리는 거의 알아차리지 못

한다. 사소하거나 고통, 슬픔이 뒤섞인 상황에서도, 한구석에

아름다운 빛이 피어오르고 있다는 것을.

그것은 꺼지지 않고 우리의 삶을 비추고 있다는 것을.

철학종교일기 ■

인생은
부조리하지 않다

인생은 부조리해 보인다.

인생은 언제나 애매하고 앞날은 조금도 보이지 않는다. 불쑥 어떤 일이 일어나는, 지도에 없는 굽이지고 어두운 길 같다. 그 길이 어디까지 이어지는지 분명하지 않다.

그렇다 해도 인생은 카오스가 아니다. 부조리가 인생의 실체도 아니다. 그것이 부조리해 보이는 건 우리 눈에 보이지 않는 신비로운 심오함이 깃들어 있기 때문이다.

그것을 숙연히 알아차렸을 때, 인생은 신성한 것이 된다.

철학종교일기 ■

인생은
기차놀이 같다

기차놀이 중 선두에 선 아이는 증기기관차 흉내를 낸다. 물론
그 아이가 실제 증기기관차는 아니지만, 증기기관차라 생각한
다. 그런 식으로 이해할 때 비로소 성립하는 놀이다.

세상의 어른들도 아이들과 다를 바 없다. 부장, 리더, 종교가,
교사, 미인, 시인, 작가, 노동자, 예술가….

우리는 각자가 각자를 제각각 이해하는 아주 짧은 놀이를 이어
가고 있다.

심리철학적 소견들 1 ■

인생이라는 게임의 룰은
참가하여 배우는 수밖에 없다

연습을 통해 익숙해지면, 우리는 세상 살아가는 법을 몸으로 배운다.

어떻게 살아갈지 타인이나 책을 통해 아무리 자세한 설명을 들어도 조금도 도움 되지 않는다. 그저 훈련과 시행착오에 익숙해지면서, 살아가는 기술을 익혀갈 뿐이다.

아이가 말을 배울 때도 마찬가지다. 어른은 말에 대해 이런저런 설명을 하지 않는다. 그저 반복만 시킨다. 훈련을 할수록 아이는 말이나 표현을 보다 자유롭게 사용한다.

이는 사회라는 게임에 아무것도 모른 채 참가했다가, 게임 룰을 그때마다 체험으로 배워가는 것과 같다.

철학적 탐구 ■

가능성은 실행에 옮기기 전까지
현실이 아니다

하나의 가능성이 있다. 무언가를 할 수 있다는 그런 가능성만으로, 우리는 무심코 그것을 현실에서 실행할 수 있으리라 믿는다. 마치 그림자에 무게가 있다고 믿는 것처럼.

그러나 그렇게 느껴져도 그것은 아직 현실 속에서 이뤄진 일이 아니다.

단편 ■

인생 문제는
과학과 언어의 논리 밖에 있다

과학이 고도로 발달해 지금까지 해명되지 않은 과학 물음에 답할 수 있다고 가정해보자.

그래도 우리가 품은 인생 문제는 무엇 하나 해결되지 않을 것이고 도움도 되지 않을 것이다.

왜냐하면 인생 문제는 처음부터 과학과 언어의 논리 밖에 있기 때문이다. 결국 인생 문제 대부분에는 신비로운 베일이 드리워져 있다.

그것에 해법이 있을 리 없다. 그저 각각의 개인이 인생을 체험할 뿐이다. 하물며 그 체험을 누군가에게 말로 전달하지도 못한 채 죽음을 맞이한다.

논리철학논고 ■

5

인간에 대하여

자신이 옳다고 믿는 사람은 게으르다

자신의 의견이 절대적으로 옳다고 생각하는 사람의 머릿속에는 오로지 어떤 경향의 사고방식만 끊임없이 맴돌고, 그 때문에 늘 대동소이한 결론을 내놓는다.

이는 마치 편식하는 사람과 같다. 습관을 반복하기만 하면 다른 요리의 맛, 다른 견해, 완전히 다른 사고방식이 있다는 걸 모른다. 이런 사람은 완고하고 의지가 강한 듯 보이지만, 그저 게으른 자이거나 겁쟁이거나 소심한 사람일 가능성도 적지 않다.

철학적 탐구 ■

신체 감각이
신념보다 사실에 가깝다

믿음을 무너뜨리기란 매우 어렵다. 신념을 가진 사람, 그것만
이 옳다고 믿는 사람은 다른 사람의 말에 전혀 귀 기울이지 않
는다.

그런데 그런 사람도 자신의 신체 감각에 대해서는 때때로 신용
하지 않는다. 감각 따위는 신용할 만한 게 아니라 생각한다.

너무 이상하지 않은가. 신체 감각이 자신의 신념보다도 훨씬 사
실에 가까운 것일진대.

철학적 탐구 ■

행위가 그 사람을 말한다

누군가의 가치관이나 선악의 기준을 알고 싶다면, 그 사람에게
질문하는 것보다 훨씬 간단하고 정확한 방법이 있다.

그것은 그 사람이 무엇에 대해 자주 미소 짓는지 눈여겨보는 것
이다. 무엇에 대해 어떻게 행동하는가. 어떤 것이 좋아 손아귀
에 넣는지, 늘 먹는 것은 무엇인지, 어떤 것을 물끄러미 응시하
는지, 무엇에 마음이 빼앗기는지.

그 사람의 행동 전부가 그 자신을 표현한다.

미학, 심리학 및 종교적 신념에 대한 강의와 대화 ■

약함과 고통을
받아들이지 않는 것

인간이 약하다는 건, 살아가며 받아들여야만 하는 고통을 스스
로 받아들이려 하지 않는 것이다.

철학종교일기 ■

고통보다 안락함을 추구하는 것이 약함이다

약하다는 것. 인간이 약하다는 건 가급적 고통을 멀리하려는 경향이다.

고통보다 조금이라도 안락한 쪽을 추구하는 것이다.

철학종교일기 ■

자신이 곤란하지 않은 정도에서
남을 돕는 법이다

우리는 커다란 노력이나 용기가 필요치 않을 때, 별로 번거롭지 않을 때 타인을 도울 생각을 한다.

그 사람을 돕는 동안, 예컨대 자신의 체면이나 평가가 조금이라도 손상될 것 같으면, 우리는 서둘러 도움의 손길을 거둬들인다.

이렇게 우리는 제 한 몸 지키기 위해 얼마나 겁 많고, 얼마나 악한가.

철학종교일기 ■

우리는 자신에게
너무나도 너그럽다

인간은 누구나 제 좋을 대로 생각한다. 특히 자신에 관해서는
너무나 너그럽고 관용적인 사고방식을 가진다.

예컨대 자신이 터무니없이 비정하고 잔혹한 생각을 갖고 있다
고 해도, 여러 나쁜 것을 생각하고 있어도, 그것을 한때의 환상
이나 가벼운 상상에 지나지 않는다고 간단히 치부해버린다.

만약 똑같은 생각을 다른 사람이 한순간이라도 생각했다면 "그
것이 너의 본심이다. 너의 끔찍한 정체다"라며 심하게 비난했을
주제에.

문화와 가치 ■

게임에는
참가자의 정신이 나타난다

게임을 하면, 참가자의 성격이나 정신이 분명히 드러난다.
이때 게임이란 놀이나 경기만을 가리키지 않는다. 일, 인간관
계, 물리학 실험실, 예술 등 온갖 장소에서 우리 인간이 하는
일을 게임으로 봐야 한다.

철학종교일기 ■

우리는 자신이
어떤 사람인지 모른다

타인에게 평가받으면 기쁘다. 타인이 자신의 직함이나 신분을
존중해주면 기쁘다.

자존심이 서기 때문만은 아니다. 누군가 자신을 '이런 사람'으로
봐줌으로써, 자신이 어떤 사람인지 알 수 있기 때문이다.

우리 대부분은 자신이 무엇을 갖고 있는지에 대해서는 알지만,
자신이 어떤 사람인지에 대해서는 잘 알지 못한다. 어느 수준의
인간인지, 혹은 이도 저도 아닌 사람인지 모른다. 따라서 타인
이 자신을 어떻게 보는지 신경 쓰이는 것이다.

하지만 타인의 평가가 옳을 리 없다. 자기평가도 옳다고 단언할
수 없다. 만일 자신이 대체 무엇인지, 인간으로서 어디까지 도
달했는지, 자신의 가능성이 어디까지인지를 잘 알고 있다면 그
사람은 큰 인물일 것이다.

문화와 가치 ■

176

다른 사람을 위해
성실히 사는 것

인간으로서 성실히 살려고 노력하고, 또 그렇게 사는 것은 중요
하다.

다만 그건 불안이나 비겁함에서 나오기도 한다.

또 일종의 정의감에서 그렇게 사는 사람도 있다.

혹은 다른 사람에 대한 걱정이나 배려 때문에 성실히 살려는 경
우도 있다. 그런 사람이 행복하지 않을까.

철학종교일기 ■

우리는 좋아하는 것을
부단히 느끼려 한다

그 사람이 뭘 진심으로 좋아하는지, 어떻게 알 수 있을까?
'브람스의 곡을 몹시 좋아한다'는 말, '어쩌면 이리도 멋있을까.
최고잖아?' 하고 감탄하는 모습, 어떤 것에 대한 그 사람의 표
정이나 눈빛, 그 사람이 반복하여 화제로 삼는 것.
그 사람이 진심으로 좋아하는 것은 그가 혼자 있을 때도 부단히
만지거나 보거나 느끼는 것이다.
자주 먹는 요리. 몇 번이고 반복하여 읽는 서적. 낡아도 개의치
않고 입는 옷. 수시로 흥얼거리는 노래. 장시간 앉아 있는 소파
나 방.

미학, 심리학 및 종교적 신념에 대한 강의와 대화 ■

이해력이 좋다고
진짜로 이해했을까

이해력이 좋은 사람은 사랑받는다. 많은 것을 이해해주는 듯 보이기 때문이다. 이해해준다는 것은 찬성해준다는 것이고, 자기편이 되어준다는 것이라 생각하기 때문이다. 따라서 애완견은 사랑받는다.

그런데 애완견이 이해하기 때문에 무엇이든 찬성해주는 것일까? 이해하고 있기에 던진 공을 한달음에 달려가 물어오는 것일까? 아니, 그렇게 이해하는 듯 보이는 모습은 훈련이나 교육에 의해 나오는 것이다.

마찬가지로 사회적 훈련이나 처세술에 의해 무엇이든 이해해주는 사람이 있는 법이다. 따라서 실제로 그가 무엇이든 제대로 이해하고 있다고 단언할 수는 없다.

단편 ▮

많은 사람의 시선을 받는 것이
가치를 낳는다

사람들의 시선이 머무는 것에서 가치가 생겨난다. 예컨대, 바
위산 속 돌멩이가 귀중한 보석으로 여겨지듯.
사람들이 외면한 것에서 가치는 생겨나지 않는다.
그만큼 가치를 창조하는 힘을 가진 우리의 눈.

문화와 가치 ■

우리는 잡초 하나도
제 힘으로 만들 수 없다

몇 송이의 꽃을 꺾어와 좋아하는 꽃병에 아름답게 장식했을 때, 우리는 마치 그 꽃들을 자신이 만들어낸 듯 좋은 기분에 사로잡힌다.

물론 그건 착각에 지나지 않는다. 길가에 짓밟힌 작은 잡초 하나도 우리는 제 힘으로 만들어낼 수 없다.

문화와 가치 ■

얼굴은
영혼이다

얼굴이란 무엇인가. 얼굴은 신체의 물리적인 일부에 지나지 않
은가.

그렇지 않다. 얼굴은 우리 신체의 '영혼'이다.

문화와 가치 ▉

절망에 빠진 사람은
제 판단이 옳다고 믿을 뿐

절망에 빠진 사람은 누가 뭐라 해도 사과가 먹고 싶다며 막무가
내로 고집피우는 아이와 같다.

자신의 입에 들어오는 건 무슨 일이 있어도 사과가 아니면 안
된다고 떼쓰는 어린애처럼, 절망에 빠진 사람은 자신의 판단이
전적으로 옳다고 믿어 의심치 않는다.

그 자신이 느끼는 절망은 한 치의 오차 없이 정당한 것이라 고
집스럽게 믿는다. 그렇게 절망은 바위보다도 단단히 고정되고,
시간마저도 얼어붙는다.

따라서 그 절망을 극복하겠다고 새로운 생각을 할 여유도 없다.
그 막다른 길의 천장을 뚫고 좁은 절망의 세계에서 뛰쳐나갈 생
각을 못한다.

철학종교일기 ■

휴일에는 자신의 일을
멀리서 생각 없이 바라보라

휴일은 충분히 몸을 쉬게 하자. 번거로운 일도, 걱정도 하지 말고 마음과 몸을 느긋하게 하라.

그리고 육체 피로가 풀렸다면 자신이 하는 일을 멀리서 생각 없이 바라보라.

평소에는 바삐 일하며 지내기에 아무래도 미시적인 관점으로 자신의 일을 볼 수밖에 없다.

따라서 거시적인 관점으로, 흡사 타인의 일을 객관적으로 바라보듯, 자신의 일을 다시금 바라보라. 그러면 거기서 발견하고 얻는 게 많을 것이다.

문화와 가치 ■

1 8 4

행동에
이유는 없다

예컨대 의자에서 일어설 때, 우리는 자신의 다리가 이곳에 있는
지 없는지 확인하지 않는다. 그저 바로 일어서려고 한다.

이것이 분명 '행동'이라는 것이다.

우리는 늘 그런 식으로 행동한다. 자신의 상황이나 조건에 대해
신중히 확인하지 않는다.

확실성에 관하여 ■

해석의 차이는
인생 경험에서 나온다

인생에서 만나는 거의 비슷한 상황, 경험에 대해 우리는 각기 다른 인상을 갖고, 다르게 반응한다.

이는 어떻게 받아들이는가의 차이다. 그럼 받아들이는 방식의 차이란 대체 무엇인가? 바로 해석의 차이다.

그렇다면 해석의 차이는 어디서 오는가. 바로 자신의 경험과 반응에 따라 제각기 달라지는 것이다.

따라서 지금 여기서 일어나는 일에 대한 태도는, 그 사람이 지금까지 어떻게 살아왔는가를 있는 그대로 이야기해준다.

심리철학적 소견들 1 ■

비슷한 생활을 하는 사람의 윤리관은 일치한다

비슷한 생활을 하는 사람의 윤리관은 대개 일치한다. 그들이 평소에 생각하는 선악이나 아름다움과 추함은 같다. 이는 의견이나 사고가 같기 때문인 듯 보이지만, 사실 삶의 방식이나 생활양식이 같기 때문이다.

따라서 당연한 일이지만, 일반 시민의 윤리관과 폭력단의 윤리관은 다르다. 부유층과 빈곤층의 윤리관도. 천재와 평범한 사람의 윤리관도. 고용자와 피고용자의 윤리관도 역시.

이 두 계층은 생활양식에서 동떨어져 있는 것은 물론, 각자 다른 현실 속에서 살고 있다.

철학적 탐구 ■

여성은 교육자로서의 남성이
필요한 경우가 있다

어떤 여성이 한 남성을 필요로 한다. 그러면 남자는 때때로 착
각한다. 그녀가 자신을 사랑한다고.

그런데 그녀는 그런 생각에서 그 남자를 필요로 하는 게 아니
다. 그녀는 자신을 사회적 인간, 어엿한 여성으로 바로잡아줄
교육자를 원하는 것이다.

철학종교일기 ■

188

눈이 아니라
감각으로 본다

보인다고 해서 그것이 사실이라 단정할 수 없다.

우리는 눈으로 보는 게 아니다. 단지 감각으로 본다.

잠들어 있을 때 꿈속에서도 무언가를 또렷이 보지 않는가. 눈으로 보는 게 아니다.

비트겐슈타인의 강의 Ⅰ ■

재능은
샘과 같다

재능은 신선한 물이 콸콸 솟아나는 샘과 같다.

다만 그 맑고 신선한 물이 주위로 튀어 흩어지면, 제아무리 풍
부한 샘이라도 아무에게도 도움 되지 않는다.

문화와 가치 ■

남이 알 정도의 재능이라면
아직 얄팍하다

천재는 최상급 수준의 재능을 가리키지 않는다.

천재란 재능이라는 것을 완전히 잊게 만들 만큼 압도적인 힘을

말한다.

남의 눈에 띌 정도의 재능이라면, 아직 얄팍한 것에 지나지 않

는다.

문화와 가치 ■

천재는
빛을 한 점에 집중시킨다

천재는 빛을 가진 사람이다.

보통 사람들도 역시 빛을 갖고 있다. 그 빛의 양과 질은 천재든 보통 사람이든 완전히 같다.

그러나 천재는 돋보기로 그 빛을 한 점에 집중시켜, 눈부신 광선으로 만들 수 있다.

문화와 가치 ■

시대를 앞서간 자는
끝내 시대에 추월당한다

시대를 앞서 달리는 것만 내세우는 사람은, 어느 새인가 시대에
쫓겨, 끝내 시대에 추월당하고 만다.

문화와 가치 ■

남과 나를 구분하는 마음에서
증오가 생겨난다

나와 저 사람은 전혀 다른 인간이다. 저 사람은 그런 인간이지
만, 나는 결코 그런 부류의 인간이 아니다.

나는 특별한 인간이다. 나의 존엄과 품격은 저들보다 몇 단계
위에 있다. 나의 사명이나 일은 저들과 달리 매우 중요하다.

남을 멀리하는 마음이 증오를 낳는다.

증오나 다툼 없는 곳이 있다면, 그곳의 인간은 모두 아이와 같
을 것이다.

즉 마음이 언제나 열려 있고, 순진하며, 자의식이 없고, 자신이
나쁜 아이라고 언제라도 솔직히 인정할 수 있는, 어떤 과시도
없이 뒤틀리지 않은 소박한 애정을 가진 사람들일 것이다.

문화와 가치 ■

적기를 불태워도
위안밖엔 얻을 수 없다

원한이 있으면 상대 이름을 종이에 적고 갈기갈기 찢는다. 사랑하는 사람의 사진에 키스를 한다. 적기를 불태우거나 대지에 정중히 입맞춤한다.

이런 행동을 하는 사람들은 상대 혹은 어떤 상징물에 그런 행위를 하면, 상대에게 어떤 형태로든 영향을 줄 수 있다고 진심으로 믿고 있는 것일까?

아니, 그렇게 믿고 있을 리 없다. 그저 그런 미신 같은 행동에 의해 마음이 편안해지거나, 아주 잠깐 만족감의 냄새를 맡을 뿐이다.

프레이저 《황금가지》에 대하여 ■

6

세계에 대하여

세계는 사람이나 사물에 관한
여러 가지 사실이다

여러 다양한 사물이 모여 있는 것이 세계가 아니다.
세계란 사람이나 사물이 다채롭게 연관되어 있는 온갖 사실들
이다.

논리철학논고 ■

세계의 창조보다
세계의 지속이 더 큰 기적이다

신앙을 가진 사람은 "신이 세계를 창조했다, 이것이야말로 최대 기적"이라 말한다. 그 사람이 감탄하며 말하듯 설령 신이 세계를 창조했더라도, 지금 여기에 있는 세계는 대체 무엇인가?

창조된 그 세계가 아직까지 계속 이곳에 존재하는 게 더 큰 기적이 아닌가.

아니, 세계 창조와 그 지속은 원래 하나가 아니었던가.

결국 신은 지금까지도 세계와 깊이 관련되어 있다.

철학종교일기 ▮

자연은
자연법칙을 모른다

세계나 자연이 자동으로 움직이는 정밀한 것이라는 생각은 잘 못이다. 자연현상이 자연법칙에 의해 움직인다는 생각도 잘못이다.

자연법칙이란 자연이 갖고 있는 법칙이 아니라 자연과 접한 경험에서 우리가 간신히 이끌어낸 단순한 법칙 몇 가지에 지나지 않는다.

그곳에 있는 건 인간의 논리뿐이다. 자연 자체는 법칙과 무관하다.

예컨대 지금까지 그랬던 것처럼 내일도 태양이 뜰지 말지는 자연법칙을 따르지 않는다. 애당초 전혀 보증되어 있지 않다.

논리철학논고 ■

인과법칙은
인간이 생각해낸 것에 지나지 않는다

세상 사람들이 때때로 화제로 삼고 그 존재를 당연한 듯 믿고 있는 '인과응보'의 법칙이란 존재하지 않는다.

그저 언제나 자연의 법칙이 일관하고 있을 뿐이다.

혹은 일반적으로 인과라 하면, 물리법칙이나 역학 법칙을 가리킨다. 거기에 일관하는 건 비정한 논리뿐이다.

아니면 이렇게도 말할 수 있다. 사실이 일어나는 방식이 우리 인간이 생각해낸 물리적 인과법칙에 해당할 뿐이다.

논리철학논고 ■

자연법칙은 고작
인간의 말에 지나지 않는다

자연의 변화는 자연법칙에 따라서 일어나는 것이 아니다. 다만 그런 식으로 우리 눈에 보일 뿐이다.

왜냐하면, 자연법칙은 고작 인간의 말에 지나지 않기 때문이다. 우리가 자연을 관찰하고 그 변화를 우리가 쉽게 이해할 수 있는 말로 정리한 것이 자연법칙이다.

따라서 그 자연법칙과는 전혀 다른 법칙에 의해 자연이 크게 변하는 일도 충분히 일어날 수 있다.

비트겐슈타인의 강의 Ⅰ ■

2 0 0

과학신앙은
세계를 지루하게 만든다

과학이 자연이나 인간을 해명한다고 진심으로 믿는 사람은, 결국 매너리즘에 빠질 것이다.

자연의 성립이나 조합이 전부 과학에 의해 설명된다고 무턱대고 믿지만, 그 이치는 잘 이해할 수 없다. 그저 틀림없이 그럴 것이라 굳게 믿을 뿐, 스스로 생각하지도 느끼지도 않게 되어 모든 일이 지루해지기 때문이다.

그런 사람은 더 이상 자연 현상에 놀라지 않는다. 신비에 감동하지도 않는다. 결국 두려움도 경외심도 모두 잃어버린다.

끝내는 인간에 대해서도 흥미를 잃고, 살아가는 것조차 내키지 않게 된다.

문화와 가치 ■

미신은 불안과 공포에서 나오고,
종교는 깊은 신뢰에서 나온다

종교도 일종의 미신에 지나지 않는다고 태연하게 말하는 사람이 있다.

그러나 종교를 믿는 자의 입장에서 보면 종교와 미신은 그 시작부터 조금도 비슷하지 않다.

미신은 불안한 마음이나 두려움에서 나온다.

종교는 그 두려움과 정반대에 있는 깊은 신뢰에서 나온다.

문화와 가치 ■

오락으로도
배울 수 있다

뭔가 배우고 싶을 때 반드시 교사에게 묻거나 학자가 쓴 책을
읽어야만 할까?

즐기고 싶을 때는 어째서 음악을 듣거나, 시나 이야기를 읽는
게 당연한가. 음악이나 문학은 그저 한때의 오락을 위해 존재하
는 것에 불과한가.

음악이나 문예, 예술로도 배울 수 있는데.

문화와 가치 ■

아무리 작은 거짓말이라도
결코 진실이 아니다

작은 거짓말을 한다.

이 경우 작은 거짓말로 상대나 나 자신을 납득시킨다. 상대의 기분을 헤아린다는 거짓말. 상황을 간단히 수습하기 위한 사소한 거짓말.

진실을, 사실을, 정직하게 말하기보다 다소 거짓말을 섞어 말하는 게 편하다. 진실을 말하는 것은 고통스럽기 때문이다.

그 고통이란 설탕을 넣은 달달한 커피 대신 희석하지 않은 커피를 마신 것처럼 쓰다. 그 차이는 정말 작다. 그래도 거짓말은 결코 진실이 될 수 없다.

문화와 가치 ■

흔한 것에서
신비로움을 발견하라

많은 사람이 신비로운 것을 좋아한다. 그리고 주위에 흔한, 지금까지 봐온 것들에선 신비로움을 느끼지 않는다.

따라서 어젯밤 꿈이나 감성에 대해 이야기하며, '아름다움' '사랑' '사상' 같은 것들에 대해 말한다. 그러나 제 방에 있는 책상이나 연필에 대해서는 조금도 화제에 올리지 않는다.

어째서일까. 평소 사용하는 책상이나 연필, 침대나 구두는 꿈이나 사랑, 감성과 엇비슷하게 신비롭지 않은가. 그런 흔한 것도 신비롭다는 걸 모른단 말인가.

심리철학적 소견들 1 ■

인생과 세계의 진정한 수수께끼는
일상 속에 숨어 있다

매너리즘에 빠진 일상에 신물이 난 우리는, 어딘가 먼 곳으로 가면 특별하고 새로운 체험을 할 수 있다고 생각하기 쉽다. 인생에 큰 의미가 될 체험이 어딘가에 있다고 꿈꾼다.

그러나 타인이 일상을 사는 다른 장소로 갈 필요는 없다. 진정한 수수께끼는 우리의 일상 속에 가득 채워져 있기에.

정해진 절차에 따라 손쉽게 지나가는 매일의 생활 속에 인생과 세계의 깊이가 감춰져 있다. 그것을 깨달았을 때, 우리의 일상은 완연히 달라지고 모든 것이 새로워진다.

심리철학적 소견들 1 ■

우연은
존재하지 않는다

우리에게 우연히 일어난 듯 보이는 일조차 미리 충분히 일어날 수 있는 가능성을 내포하고 있다.

결국 우리에게 그것은 우연한 일처럼 보일 뿐이다.

혹은 자신의 사려 부족으로 예측할 수 없었을 뿐인데, 있을 수 없는 일이 일어난 듯 놀라고 이를 매우 우연한 일이라 명명할 뿐이다.

따라서 언제든 온갖 일들이 일어날 수 있다. 어떤 일이 일어난 다고 해도 전혀 이상하지 않다. 그리고 그 일을 자신이 일으킬 수 있다.

논리철학논고 ■

가능성은
현실이 아니다

우리는 '가능성'을 좋아하는지도 모른다.

그곳에 어떤 가능성이 있다는 단지 그것만으로, 어떤 현실의 일 보직전까지 와 있는 듯한 느낌을 맛본다. 마치 이후 발을 조금 만 내디뎌도 바로 현실이 되어버릴 것처럼.

그러나 가능성이 아무리 현실을 빼어나게 닮았어도, 그건 여전 히 현실이 아니다.

철학적 문법 2 ■

시간은
흐르는 것이 아니다

'시간이 흐른다.'

'세월이 흘러간다.'

'시간의 흐름.'

'시간 낭비.'

우리는 이런 식으로 말하고, 그렇게 믿는다.

그런데 시간이 흡사 흘러가는 듯 느껴지는 건 어떤 다른 과정,

이를테면 시계 바늘이 움직이는 과정이 뒤따랐을 때뿐이다.

그런 다른 과정이 갖춰지지 않은 한, 시간은 그런 식으로 흘러

가지 않는다.

논리철학논고 ■

배경에 따라 각자의 체험은
완전히 다른 것이 된다

휴양지의 카페 처마 아래서 두 남자가 체스를 두고 있다. 한 남자가 말을 움직이고 "체크 메이트"라고 선언한다. 이때 승리한 사람의 체험과 패배한 사람의 체험은 물론 다르다.

한편 때마침 음료를 가져온, 체스 룰을 잘 아는 나이 지긋한 웨이터가 게임 판을 힐끔 봤을 때의 체험도 앞의 두 사람과는 다르다. 체스 룰 따위 모르는 젊은 웨이트리스가 이 둘의 게임을 바라봤을 때의 체험도 앞의 세 사람과는 완전히 다르다.

하물며 체스 같은 건 단 한 번도 본 적 없는 외국에서 온 관광객이 이 게임을 목격했을 때의 체험도 전혀 다르다.

결국 '동일한 체험'이라 쉽사리 말하지만 각자마다 축적된 지식이나 이해, 경험이라는 배경에 의해 우리의 체험은 전혀 다른 것이 된다.

철학적 문법 1 ■

체벌은
분노로 물건을 부수는 것과 같다

화가 나서 식기나 거울을 깬다. 벽을 부순다. 물건을 발로 찬다. 이는 마구 화풀이를 해대는 것이다. 물건을 부순다고 해서 현재의 상황이 달라지는 건 아니다.

이른바 체벌이란 이런 게 아닐까.

프레이저 《황금가지》에 대하여 ■

힘으로
새싹이 돋게 할 수는 없다

태양열과 깨끗한 물, 그리고 빛이 충분히 내리쬘 때 비로소 싹
이 돋는다. 빨리 성장시키기 위해서 힘으로 잡아당겨봤자 싹이
돋기는커녕 오히려 죽고 만다.
다른 것들도 이와 같다.

문화와 가치 ▪

철학은
시처럼 쓰일 수밖에 없다

나의 경우, 철학은 시처럼 쓸 수밖에 없다.

문화와 가치 ■

아름다운 장미는
오물 속에서 싹튼다

정성껏 가꿔온 아름다운 장미 정원을 잘 관찰해보라. 그 아래는
많은 퇴비, 썩은 짚과 오물이 있다. 또 벌레가 기어 다닌다. 그
런 곳에서 장미는 아름답게 싹을 틔운다.

문장도 그런 장미 정원과 같다. 지금 쓰고 있는 서투른 문장이
훌륭한 문장을 싹틔울지 모른다.

문화와 가치 ■

재능만으로
예술은 탄생하지 않는다

뛰어난 재능만이 예술을 낳는 건 아니다.

재능 있는 사람은 이미 있는 것을 연마해 배치를 바꾸거나, 연구하고, 세련되게 다듬어 한층 아름답게 완성한다.

그 결과물은 마치 예술 작품처럼 우리를 황홀하게 매료시킨다.

그러나 예술 작품은 아니다.

예술은 온전히 새로 태어난 것이다. 예술가 자신이 그대로 표현된다. 따라서 예술 작품은 우리를 황홀하게 매료시키기보다, 감동시킨다.

문화와 가치 ■

고전 작품은 태양처럼
저물었다 다시 떠오른다

거장의 모든 고전 작품은 별이나 태양과 같다. 떠올라 우리를 비췄다가 다시 저물어 모습을 감춘다.

그러나 진정 위대한 작품이라면 사라진 채 끝나지 않는다. 계절이나 시대가 돌아오면 다시 우리 눈앞에 나타나 환한 빛을 발하며 압도한다.

문화와 가치 ▮

신의 명령은
이유 없는 율법이다

성서에서 신은 우리에게 이렇게 혹은 저렇게 하라고 말한다. 하지만 그 이유에 대해서는 분명히 밝히지 않는다.

만일 이유를 듣는다면 우리는 그에 반박할 논리적인 이유를 무수히 들 수 있을 것이다.

신의 명령 대부분이 우리의 이성으로는 납득하기 어려운 매우 기묘한 것이거나 우리가 실행하기 꺼리는 것들이다.

따라서 '사랑하라'는 신의 명령도 이유 없는 율법이 된다.

문화와 가치 ■

신은 곁에 없어도
분명 존재한다

사랑하는 사람이 곁에 있지 않아도, 같은 집 안에 있다는 걸 알기만 해도, 아이는 자신이 버려졌다고 느끼지 않는 법이다.

그와 같은 의미에서 나는 신에게 버려졌다고 느끼지 않고, 이렇듯 안심하고 지낼 수 있다.

문화와 가치 ■

성서의 진위는
과학적 진위와 무관하다

성서의 기록이 실제로 있었는지 어떤지를 검증하려는 사람이 있다. 거기에 적힌 것이 역사적 사실로 인정받는다면 성서는 정확한 역사서지만, 사실이 아니라면 성서는 허구이고 신의 존재는 꽤 의심스럽다는 얘기다.

그러나 그런 사고방식은 나무가 그려진 그림을 보고, 그것이 진짜 나무처럼 충실히 잘 그려졌는지를 검증하는 것과 같다. 또 "나는 사랑받았다"고 말하는 사람을 향해, 그 사랑의 증거가 될 만한 물건을 보이라 요구하는 태도와 같다.

역사적 진위를 과학적으로 증명한다고 해서 성서의 기록이 사실인지 아닌지 결정되지는 않는다. 성서는 사랑이 있는 사람이 읽었을 때, 사랑의 차원에서만 이해되는 것이기 때문이다.

그리고 그 이해는 숫자나 언어로 말할 수 없다.

문화와 가치 ■

7

자신에 대하여

자신을 있는 그대로 보는
용기가 필요하다

무엇을 하든지 용기가 필요하다. 자신에 대해 생각할 때도 마찬가지다.

자신에 대해 생각할 때, 너그러운 눈으로 보기 쉽다.

자신은 타인과 달리 죄 없는 특별한 존재라 생각한다. 지금 이대로 무슨 일이든 할 수 있는 인간으로 보기도 한다.

그런 꿈같은 기분 좋은 공상에 속지 마라. 그렇다고 새삼스레 자신에게 엄해질 필요도 없다. 그저 자신에 대한 사실을 있는 그대로 두려워 말고 직시하는 용기를 가져야 한다.

철학종교일기 ■

자신이 새로워지면
세계도 바뀐다

혁신, 쇄신, …이런 것들을 큰 소리로 말해도 결국 동일한 작업을 하는 도구나 장소가 바뀔 뿐이다.

평소와는 다른 길을 거치지만 결국 평소의 그곳으로 가는 게 아닌가. 포장지 무늬를 바꿔 짐짓 다른 것처럼 꾸며도 새로워졌다고 말할 수 없지 않은가.

무엇보다 진정 혁신해야 하는 건 바로 자기 자신 아닌가. 자신이 완전히 새로워지면 자신을 둘러싼 세계도 변하기에.

문화와 가치 ■

세상을 바꾸고 싶다면
자신을 바꿔라

이 세계가 너무도 형편없기에 바꾸고 싶은가.

이 세계를 좀 더 따뜻한 세계로, 좀 더 신선하고 생기 있는, 그리고 아름다운 것으로 만들고 싶은가.

이를 위해 전쟁이나 혁명, 유혈이 필요한가.

아니, 그렇지 않다. 세계를 바꾸고 싶다면 자기 자신을 바꾸지 않으면 안 된다. 그러면 달라진 자신과 동시에 세계도 모습을 바꾼다.

그리고 당신이 행복하게 살면, 세계는 한층 커지고 빛날 것이다.

논리철학논고 ■

타인에게 영향을 받았다면
원래대로 돌아갈 필요가 있다

누군가 호의적인 말을 건네거나 웃는 낯으로 대하면 잠깐 동안 마음이 따뜻해진다.

불쾌함도 때로는 마음에 남아 기분을 상하게 하거나 불쾌한 표정을 짓게 만든다.

타인에게 그런 영향을 받으면서 자신을 자신답게 유지하는 건 그리 간단한 일이 아니다. 따라서 자신이 흔들린다면, 서둘러 자신의 방으로 돌아와 긴 고독에 잠기는 게 효과적이다.

그때까지 타인에게 휘둘려 이쪽저쪽으로 휘청거렸던 자신을 바로 세워, 원래대로 돌아올 수 있도록.

철학종교일기 ■

2 2 3

자신을
상품으로 전락시키지 마라

당신은 자신을 가치 있는 사람이라 생각한다. 타인에게 인정받고 싶어서 자신을 세상에 비싸게 팔려고 한다.

그렇다면 마치 상품 같지 않은가. 상품으로서 당신은 다른 물품과 함께 점포 진열대 위에 진열된다. 먼지를 뒤집어쓰면, 개점 전에 점원이 퉁명스레 먼지를 털어줄 것이다.

그리고 고객이 찾아와 상품인 당신을 발견한다. 다른 많은 물건과 비교하고, 끈적거리는 손으로 집어 들어 요리조리 만지작거리면서 마치 살 것처럼 제스처를 취한다.

그러고는 돌연 이런 물건 따위 전혀 갖고 싶지 않다는 표정을 짓고는, 진열대 위에 거칠게 다시 내려놓는다.

철학종교일기 ■

공상은 결코
실현되지 않는다

멍하니 꿈꾸는 듯 공상을 즐기고, 더 빠져들어 이런저런 공상의 나래를 펼치는 일은 실로 기분 좋다. 그 날이 곧 찾아올 것 같은 기분도 든다.

그러나 이는 그저 머릿속에 그린 아름다운 구름을 미래라는 하늘에 엮으려는 게 아닌가. 결코 그대로 실현되지 않는다.

원하는 일을 현실로 만들려면, 우선 강고한 토대를 자신의 손으로 확실히 다지지 않으면 안 된다.

문화와 가치 ■

자신을
받아들여라

어째서 껄끄럽고 매끄럽지 못한 문장을 자신이 쓴 것이라 간단
히 인정하지 않는가.

아무리 봐도 아름답다고 할 수 없는 용모를 자기 것이라 인정하
지 않듯이.

문화와 가치 ■

내가 보는 나의 성격과
타인이 보는 나의 성격은 다르다

자신의 성격을 외부에서 객관적으로, 즉 타인의 성격을 관찰하
듯 바라볼 수 있는가.

아마도 어려울 것이다. 따라서 자신이 안다고 생각하는 자신의
성격은 타인이나 지인이 보는 자신의 성격이 아니다.

문화와 가치 ■

상대를 이해하고 싶다면
상대 안에 있는 자기 자신을 발견하라

우리는 어떻게 타인을 이해하고, 때로는 동정거나, 싸우기도 하는 것일까. 상대와 말이 통하기 때문에?

아니다. 그저 말이 통하기만 해선 상대를 이해할 수 없다.

우리가 서로 이해할 수 있는 건 상대 안에서 자기 자신을 발견할 수 있기 때문이다. 상대의 문화나 가치관이 자신과 전혀 다르거나, 상대의 반응이 자신과 닮은 점이 없을 때 비록 말은 알아들어도 상대를 이해할 수는 없다.

상대 안에서 자기 자신과 닮은 점을 무수히 발견할 수 있기 때문에, 그 사람의 기분이나 생각을 이해할 수 있다.

철학적 탐구 ■

신해철과 비트겐슈타인

— 이문원, 문화비평가

작고한 뮤지션 신해철이 2000년 '비트겐슈타인'이란 새로운 밴드명으로 음반을 발매했을 때, 나와 내 주변 아이들은 모두 미친 듯이 웃어댔다. 사실을 말하자면, 우린 1990년대 내내 한국대중음악계를 대표하던 양대 파벌(?), 즉 서태지 대 신해철 구도에서 늘 서태지를 지지하는 쪽이었다. 신해철은 그냥 '뭔가 있어 보이려는 딜레탕트' 정도 이미지로 봤다. 지적 허영으로 가득 찬 모범생 출신 자가제조 반항아 정도?

거기다 '비트겐슈타인'이라니. 하필이면 비트겐슈타인이라니. 20세기의 대표적 전방위 천재 중 하나. 아무도 이해하지 못할, 심지어 그를 추앙하는 학파나 그에게 박사학위를 수여한 대학에서마저도 그를 제대로 이해하고 있지 못하다고 고백케 한 논리-철학의 수퍼스타. 그러니까 이건 앨버트 아인슈타인이라든가 갈릴레오 갈릴레이

같은 이름을 걸고 활동하는 것과 마찬가지였던 거다.

아닌 게 아니라 신해철 자신조차도 왜 이런 거창한 밴드명을 썼냐는 질문에 우물쭈물하며 이렇게 답한 바 있었다.

"그 철학체계에 대해 잘 알지는 못하지만, 도저히 이해할 수 없는 난해한 이론을 만들어낸 철학자였다고 알고 있다."

아아 그러나 신해철이 '비트겐슈타인'을 걸고 내놓은 음반은 절대 아무도 이해할 수 없는 난해한 음악이 아니었던 거다. 실험적인 느낌은 강했지만 대부분 홈메이드 사운드란 점이 더 주목을 받았고, 무엇보다 비트겐슈타인 같은 천재적인 인상은 전혀 들지 않았다. 그래서 모두들 더 조롱해댔다. 대체 무슨 똥배짱으로 저런 이름을 걸고 당연히 받게 될 비웃음과 조롱을 감내하려 했던 건지 모르겠다고.

그러니까 1990년대와 2000년대에 이르러 비트겐슈타인이란 이름이 드러내는 이미지, 분위기는 대략 저런 식이었다는 거다. 더 이상 '천재'의 대명사로서 쓰이는 게 아니었다. 아무도 이해하지 못할 만큼 압도적인 천재의 이름을 들먹이면서, 마치 자신은 그런 천재의 개념들을 이해하고 있다는 식으로 자기 PR을 해대는, 그러니까 '지적 허영'의 대명사로서 쓰이게 된 셈이다. 아니 더 정확히 말하면 '지적 허영에 대응하는 극강의 맞춤형 무기' 정도?

좀 잘난 척하고 싶으면 무조건 비트겐슈타인의 이름을 들먹이면 됐다. 어디로든 통하는 출구였고 어디서나 먹히는 무기였다. 어차피 아무도 이해 못하는 데 뭐. 비트겐슈타인이 이랬다 비트겐슈타인이 저랬다 떠들어대면, 철학도였던 신해철조차 저렇게 "잘 알지는 못하지만"으로 도망갔던 것처럼, 대개들 입을 다물었다. 뭐 닌 질 모르겠지만 저렇게 이해할 수도 있는 거겠지, 싶어지는 거다. 비트겐슈타인은 지성의 치트키, 모두들 군말 없이 입을 닥치게 만드는 자연의 섭리였다.

신해철이 불의의 사고로 작고하고 난 뒤, 잠깐 이 '비트겐슈타인'에 대해서도 다시 생각해보게 됐다. 신해철의 복잡다단한 경력과 인생 중에서도 가장 이해 안 되는 일 중 하나였기 때문이다. 그때 그 비트겐슈타인 조롱극은 대체 뭐였을까. 물론 말들은 많았다. 저학력 노동자 계급을 대변하는 서태지와 완전한 차별화를 위해 저 '지성의 치트키'를 쓴 것이란 의견, 끝까지 천재에 대한 열망을 버리지 못했던 소위 '워너비'의 한이 맺힌 밴드명이었다는 의견 등등. 나 자신은 '지성의 치트키' 설에 더 무게를 두고 있긴 하지만.

어찌됐건 그렇게 우리는 비트겐슈타인이란 이름으로 살아갔던

(한쪽은 불과 1년여였지만) 두 명의 인물을 떠나보냈다. 그리고 마침 각 대학들은 이제 돈 버는 일과 별 관련 없는 인문학부 학과들을 점차 줄여나가고 있다. 그렇게 비트겐슈타인이란 이름이 대체 뭘 상징하는 여섯 글자인지 아는 사람은 점차 줄어들게 됐다. 어쩌면 지금은 그냥 저 여섯 글자의 어감이 좋아서 그룹명으로 사용했다고 해도 딱히 놀림 받는 시대는 아니게 된 것도 같다.

뭐랄까, 어쨌든 이 책을 읽고 어딘가에 가서 "비트겐슈타인이 이렇게 말했다"라며 떠들 수 있게 된다면 그걸로 된 것 아닐까. 치트키까지는 아니더라도, 괜찮지 않을까. 자 이제 책을 펼치고, 그의 말 하나하나를 한 잔의 핸드드립 커피와 함께 음미하라. 상대가 어떤 질문을 던질까 노심초사하며 "잘 알지는 못하지만"으로 도망갈 궁리 따윈 하지 않아도 좋다. 본문에 나오는 비트겐슈타인의 말처럼 "당신이 좋다면, 그것으로 됐다."

超訳 ヴィトゲンシュタインの言葉　ルートヴィヒ・ヴィトゲンシュタイン、白取春彦
CHOUYAKU WITTGENSTEIN NO KOTOBA
written by Ludwig Josef Johann Wittgenstein , translated by Haruhiko Shiratori
Copyright © Discover 21, Inc., 2014
Original Japanese edition published by Discover 21, Inc., Tokyo, Japan
Korean edition is published by arrangement with Discover 21, Inc.
through EntersKorea Co., Ltd., Seoul
Korean translation rights © 2015 by Donghak Publishing Co., Ltd.

超譯 비트겐슈타인의 말

펴낸이　유재영
펴낸곳　인벤션
지은이　루트비히 비트겐슈타인
엮은이　시라토리 하루히코
옮긴이　박재현
기획　유정용·이준혁
편집　유정용·이준혁
디자인　임수미

1판 1쇄　2015년 3월 18일
1판 11쇄　2024년 11월 25일

출판등록　1987년 11월 27일 제10-149
주소　04083 서울 마포구 토정로 53(합정동)
전화　324-6130, 324-6131
팩스　324-6135

E-메일　dhsbook@hanmail.net
홈페이지　www.donghaksa.co.kr
　　　　　www.green-home.co.kr
페이스북　facebook.com/inventionbook

ISBN　978-89-7190-477-0　03100

※ 잘못된 책은 구매처에서 교환하시고, 출판사 교환이 필요할 경우에는
　사유를 적어 도서와 함께 위의 주소로 보내주세요.
※ 인벤션은 주식회사 동학사의 디비전입니다.